CHARLES VANDENHOVE
Art in Architecture

à Jeanne

# CHARLES VANDENHOVE
## Art in Architecture

Text by Éric Mézil

Based on an idea by Kim Zwarts, photographer

LUDION

Fresque du XVIᵉ siècle, Hôtel Torrentius à Liège  *Lambert Lombard*  Fresco from the 16th century, Hôtel Torrentius in Liège

# CHARLES VANDENHOVE BÂTISSEUR-MISSIONNAIRE POUR L'AMOUR DE L'ART

*par Éric Mézil*

« L'architecture éveille en l'homme des états d'âme.
La tâche des architectes est de préciser ces états d'âme. »
« Vous devez aménager votre appartement vous-même,
c'est seulement ainsi qu'il deviendra vôtre ! »
« Les puristes confondent une attitude austère avec
l'absence d'ornement. »
« Un objet d'usage comme une étoffe ou un papier peint
dont la durée est limitée reste au service de la mode
et donc reçoit des ornements. »
« L'ornement classique joue dans l'enseignement
du dessin le même rôle que la grammaire ».
« Si tous les matériaux ont pour l'artiste la même valeur,
ils ne sont pas indifféremment substituables à n'importe
quelle fin. »
« L'artiste n'a qu'une ambition : dominer le matériau
de manière à ce que le travail soit indépendant
de la valeur du matériau brut. »

Adolf Loos, *Ornement et crime*, 1908

## POUR UN DÉTAIL TECHNIQUE

Dans le livre-manifeste *Ornement et crime*, quasi centenaire, l'architecte Adolf Loos posait les fondements de la modernité en architecture. En des termes polémiques voire provocateurs, il égrenait des aphorismes à l'image d'une révolution esthétique en marche dans toute l'Europe du début du XXᵉ siècle. Cette radicalisation ultime prônée par Loos, avec l'idée de faire table rase des traditions et du passé, la volonté farouche et utopique de forger l'homme nouveau avec une culture nouvelle donc un mode de vie nouveau – bien avant l'homme Modulor de Le Corbusier – enfin la soif d'un idéal passant obligatoirement par le rejet des formes ou la rupture avec un vocabulaire obsolète s'étendaient à tous les champs de la création. Peinture, musique, littérature et design allaient être durablement marqués par cette révolution dont Adolf Loos fut d'abord témoin, puis instigateur et théoricien.

L'architecte de la Sécession viennoise qui, en 1896, revient en Autriche après un séjour de quatre années en Amérique, se pose en réformateur des codes de l'architecture européenne. Ce rôle hissé au rang de mission humaniste dépasse le simple cadre de son œuvre de bâtisseur. Ses prises de position constituent aujourd'hui encore un corpus de réflexions durablement vivaces et actuelles. Ses contemporains ne s'y trompaient pas, cherchant à percer les mystères de ses créations, de ses connaissances aussi brillantes en matière théorique que technique, ce qui fait la rareté de l'homme.

# CHARLES VANDENHOVE A MISSIONARY BUILDER FOR THE LOVE OF ART

*by Éric Mézil*

'Architecture kindles moods in man. The task
of architects is to explain these moods.'
'You must furbish your apartment yourself.
This is the only way it will become yours!'
'Purists muddle an austere attitude with
absence of ornament.'
'An object designed to be used, like a fabric or wallpaper
with a limited shelf life, is still available for fashion, and
thus receives ornaments.'
'In the drawing lesson, classical ornament plays
the same part as grammar.'
'If all materials have the same value for the artist, they
cannot be substituted willy-nilly for any
old purpose.'
'The artist has just one ambition: to master his material in
such a way that the work [produced]
is independent of the value of the raw material.'

Adolf Loos, *Ornament and Crime*, 1908.

## FOR THE SAKE OF A TECHNICAL DETAIL

In his manifesto-book, *Ornament and Crime*, published almost 100 years ago, the architect Adolf Loos laid the foundations of Modernity in architecture. In polemical, not to say provocative terms, he gave vent to aphorisms like an aesthetic revolution in progress throughout Europe at the beginning of the 20th century. This ultimate radicalization advocated by Loos, extended to every arena of creation, was abetted not only by wiping clean the slate of traditions and the past, but also by the fierce and utopian wish to forge the new man with a new culture, and thus a new way of life –well before Le Corbusier's Modulor man. And at the end of the day it was prompted, too, both by a craving for an ideal proceeding perforce by way of a rejection of forms, and by a break with an obsolete vocabulary. Painting, music, literature and design would all be lastingly hallmarked by this revolution, in which Adolf Loos was at first a witness, then an instigator and theoretician.

The architect of the Viennese Secession who, in 1896, returned to Austria after a four-year sojourn in the United States, set himself up as a reformer of the codes of European architecture. This self-appointed role, elevated to the rank of humanist mission, went beyond the mere context of his work as a builder. Today, his stances still represent a body of reflections which are enduringly staunch and current. His contemporaries were not taken in, striving as they did to penetrate both the mysteries of his works, and his knowledge,

Ainsi, le compositeur Arnold Schönberg en 1936 adresse d'Hollywood un appel à l'aide à son ami Kulka, ne pouvant plus dialoguer avec Loos : « J'aurai la possibilité de faire construire ici une maison et vous comprendrez combien cela me peine que Loos ne soit plus en vie… Je voudrais donc vous interroger sur l'emploi du marbre comme revêtement mural. Loos me disait "le marbre est le revêtement le moins cher", il faisait couper le marbre en couches de quelques millimètres d'épaisseur pour les plaquer contre le mur (…). » Peut-on imaginer le créateur du *Pierrot lunaire*, père de la musique dodécaphonique et atonale, entrer dans de telles considérations de l'ordre du détail, pour une simple question technique, autrement que par le fait que ce souci extrêmement matérialiste fondait le concept même de la modernité dont le champ de recherche s'étendait autant à la musique qu'à l'architecture ?

Pourquoi citer en amont d'un texte sur le travail de Charles Vandenhove les préceptes d'un architecte non pas liégeois mais viennois, non pas bâtisseur acharné mais davantage théoricien, faute de commanditaires ? Parce qu'à travers l'œuvre de ces deux architectes, se conjuguent les mêmes passions pour la précision, le détail dont découle la pensée première qui fonde le projet, les mêmes idées qui se transmuent comme par alchimie dans, par exemple, le matériau toujours bien choisi, bien sélectionné, bien travaillé, et des constructions justes, franches, jamais bavardes, comme si elles s'imposaient d'elles-mêmes. Avec eux, les correspondances entre les arts chères à Baudelaire ne sont pas sujettes à des méditations romantiques : tout est clair, la place de l'architecture, celle de l'art, celle de la décoration, ce qui est essentiel et ce qui est futile. Tout est dit, la place du commanditaire dans l'œuvre, ou celle de ceux qui habiteront ou feront l'expérience intime et quasi phénoménologique de l'espace construit. Les rôles ne sont ni répartis avec une hiérarchie implacable, ni distribués arbitrairement tel un jeu de cartes, ils s'imposent d'eux-mêmes, de par une méthode mûrement réfléchie, qu'on peut nommer ailleurs expérience ou professionnalisme. Le principe de rigueur traverse l'œuvre de ces deux architectes. Il y a même un peu de brusquerie dans leur façon de communiquer, brusquerie qui reflète parfois le refus de perdre un temps trop sacré ou souvent la maîtrise et l'assurance de ces créateurs sûrs d'eux, non par un orgueil péremptoire mais par la connaissance implacable de leur sujet, un peu à la manière de Picasso répondant à une Gertrude Stein dépitée, qui, après des dizaines de séances de pose, ne se reconnaissait pas vraiment dans son portrait : « Eh bien, tâchez de lui ressembler… », ce qu'elle fit avec respect, si l'on en juge les photographies qui seront prises d'elle par la suite…

## UNE MAISON BIEN À L'ARRIVÉE, BIEN POUR LE DÉPART

Comme on l'a fait pour Adolf Loos avec des citations mises en exergue de ce texte, piochons des extraits d'entretiens ou de rares textes de Charles Vandenhove pour confirmer cette position très frontale, sans fards ni effets cosmétiques, commune aux deux architectes : « (…) J'imagine difficilement ma maison avant mon arrivée et après mon départ – eh bien, une maison, on ne fait jamais que partir d'elle, donc il faut qu'elle soit bien pour le départ, » répondit-il à Irmeline Lebeer dans son entretien pour l'ouvrage *Charles Vandenhove, art et architecture*, paru au moment de l'achèvement du Théâtre des Abbesses, en 1998, ou encore dans ce même entretien : « Ceux (les artistes) qui croient que leur travail mérite mieux qu'un lambris (…), comme je n'ai pas cet espace pri-

which was as dazzling theoretically as it was technically. It was this that made him such a rare man. In 1936, the composer Arnold Schoenberg appealed to Hollywood to come to the aid of his friend Kulka, no longer able to dialogue with Loos: 'I'll have a chance to have a house built here, and you will know how much it distresses me that Loos is no longer alive… So I'd like to ask you about the use of marble as wall cladding. Loos told me that "… marble is the cheapest cladding". He had his marble cut into sheets just a few millimetres thick so that they could be affixed to the wall […]'. Is it possible to imagine the creator of the *Pierrot lunaire* cycle of recitations, father of dodecaphonic and atonal music, becoming involved in such detailed considerations, for the sake of a mere technical question, other than by the fact that this extremely materialistic concern underpinned the very concept of Modernity, whose field of research extended as much to music as it did to architecture?

Why, prior to writing about Charles Vandenhove's work, refer to the precepts of an architect who was not from Liège, but Vienna, and not so much a relentless builder as a theoretician, for lack of commissions? Because the work of these two architects is permeated by the same passion for precision, the detail from which the primary thinking underwriting the project stems, the same ideas which are transmuted as if by alchemy into, for example, materials which are invariably well chosen, well selected and well worked, and constructions which are apt and straightforward, and never waffle, as if they were self-imposed. With them, the links between the arts dear to Baudelaire are not subject to romantic musings: everything is clear – the place of architecture, art, and decoration, what is essential and what is futile. Everything is said, the place of the commissioning sponsor in the work, and the place of those who inhabit the constructed space, or undergo the private and almost phenomenological experience thereof. The various roles are neither cast according to some implacable hierarchy, nor cast at random like a card game. They are self-imposed, using a method maturely reflected upon, which we might elsewhere call experience or professionalism. The principle of rigour runs through the work of these two architects. At times, there is even a dash of abruptness in the way they communicate, an abruptness reflecting sometimes the refusal to waste excessively sacred time, and often the mastery and confidence of these creative men who are sure of themselves, not as a result of some peremptory pride but because of the implacable knowledge of their subject, a bit like Picasso answering a vexed Gertrude Stein who, after dozens of sittings, really did not recognize herself in her portrait: 'Well, try to resemble it'. Which she duly and respectfully did, if subsequent photographs are anything to go by…

## A HOUSE THAT IS NICE TO WALK INTO, AND NICE TO LEAVE

As we have done for Adolf Loos, with the epigraphic quotations heading this essay, let us take some excerpts from Charles Vandenhove's rare interviews and writings, to back up this very direct and head-on position shared by both architects, a frank position free of cosmetic effects: '… I find it hard to imagine my house before my arrival and after my departure… well, all one does with houses is leave them, so they must be nice to leave.' Such was his reply to Irmeline Lebeer in the interview she conducted for the book *Charles Vandenhove, Art and Architecture*, which was published just when the Théâtre des Abbesses was completed in 1998. And in this same interview he remarked: 'Those (artists) who think that their work deserves better than panelling […], as I don't have that

vilégié, ils ne peuvent pas venir. » Et dans un texte très dense paru en 1970 à l'occasion de la publication du catalogue *Construire en Belgique, 1945–1970* de Geert Bekaert, l'architecte définit parfaitement les fondements de son travail où les concepts-clés de son œuvre sont déjà posés : « Dans l'étude de mes projets et dans l'exécution de mon œuvre, mon premier souci est de rechercher la meilleure réponse à un programme donné. De plus, je ne vise pas en premier lieu l'utilité immédiate – celle-ci n'est pas toujours réelle – mais je tente de pénétrer jusqu'aux fondements les plus positifs, les plus durables (par conséquent, pas à coup sûr les plus rationnels) des questions posées, pour garantir ainsi à l'utilisateur d'aujourd'hui, qui est connu, et à celui de demain, qui est inconnu, la plus grand liberté possible. Cela ne signifie absolument pas que j'entends me limiter à la mise sur pied d'espaces neutres, flexibles. Je crois à l'influence de l'architecture sur la vie, sur l'être humain tout entier dans sa complexité irréductible. Si j'en suis venu à concevoir des espaces systématiquement modulés, c'est parce que je souhaite que ces structures puissent constituer un point de repère pour les actions humaines les plus diverses (…). » Et Charles Vandenhove de terminer ainsi par une sorte de pirouette digne d'Adolf Loos : « Ce n'est pas seulement pour l'habitant que l'architecture demeure un rêve, c'est aussi pour l'architecte lui-même. »

« N'ayez pas les idées justes, juste une idée ! » disait Jean-Luc Godard pour couper court à toute tentative d'analyses théoriques de ses premiers films. Charles Vandenhove est peu loquace, il parle peu de son métier. En guise de réponse à des questions souvent convenues, il renvoie régulièrement à son passé, donc à son œuvre comme l'évidence qui fait foi après un demi-siècle de création. S'il nous est impossible de l'avoir connu jeune architecte en 1951 lorsqu'il quitte l'école d'architecture de La Cambre à Bruxelles, école fondée par Henri van de Velde, pour s'associer avec son ami Lucien Kroll et bâtir ses premières œuvres, on peut imaginer que le Charles Vandenhove d'aujourd'hui n'a pas beaucoup changé, que ces années fondatrices ont marqué son engagement de façon immuable dans l'aventure humaine que constitue la vie. Le nombre de livres, d'ouvrages monographiques ou d'études consacrés à ses œuvres architecturales repousse le champ rhétorique, interprétatif, comme autant de pierres posées pour constituer son propre édifice solide et précis, bref efficace, sans détails gratuits. Charles Vandenhove ne s'encombre pas du discours, tout comme Adolf Loos ne s'encombrait pas d'ornementation.

Une des voies pour comprendre notre intention de faire résonner le travail de ces deux architectes, l'instant d'une partition impromptue pour duettistes de talent, se trouve dans le processus du temps. Cette temporalité intrinsèque à leurs travaux respectifs confirme que les intuitions des deux hommes sont les bonnes. Il n'y a jamais de recherche de prouesse ou de geste démonstratif, mais plutôt une continuité chronologique de projets qui s'emboîtent, se modulent les uns les autres, s'aimantent en constituant de fines couches d'un feuilleté qui cimente la réflexion, et qui font acte en résistant aux modes, tendances, tous ces caprices de l'Histoire que certains auraient tendance à transformer en opportunité de revirements stylistiques incessants.

Cette pensée fondatrice qui instaure dans la longévité le dénominateur commun de ces deux hommes, même bien qu'écourtée pour Loos, impose une maturation, une évolution dans l'œuvre qui alterne des étapes volontairement polémiques et de longs moments de pause, de silences tels une nécessité de prendre le recul attentif, par opposition à l'élan révolutionnaire et moderne du début. Ainsi,

special space, they can't come.' And in a very dense text which appeared in 1970 for the publication of the catalogue *Construire en Belgique / Building in Belgium, 1945–1970*, by Geert Bekaert, the architect perfectly defined the foundations of his work, where the key concepts of his oeuvre are already in place: 'When I examine my projects and produce my work, my primary concern is to look for the best response to a given programme. What is more, I do not focus primarily on the programme's immediate usefulness… this (usefulness) is not always real… but I try to penetrate the most positive and most enduring (and thus certainly not the most rational) foundations of the issues raised, so as to thus guarantee today's user, a known quantity, and tomorrow's, an unknown one, the greatest possible freedom. This in no way means that it is my intent to limit myself to the erection of neutral, flexible spaces. I believe in the influence of architecture on life, and on human beings in all their intractable complexity. If I have managed to design systematically modulated spaces, it is because I want my structures to be able to form a landmark for the most diverse of human actions… '. And let us invite Charles Vandenhove to conclude thus, with a kind of verbal pirouette worthy of Adolf Loos: 'It isn't just for the inhabitant that architecture remains a dream, it's also for the architect himself.'

'Don't have right ideas, just an idea!' quoth Jean-Luc Godard, bent on nipping in the bud any attempt to come up with theoretical analyses of his early films. Charles Vandenhove is a man of few words who says little about his profession. In the guise of answering often conventional questions, he regularly refers to his past, and thus to his oeuvre as evidence which is still valid after half a century of work. We may never have had a chance to get to know him as a young architect in 1951, when he left the La Cambre School of Architecture in Brussels – founded by Henri van de Velde – to become partners with his friend Lucien Kroll and build his earliest works, but we can still imagine that the present-day Charles Vandenhove has not changed a great deal, and that those groundbreaking years forever marked his involvement in the human adventure we call life. The sheer number of books, monographs and studies devoted to his architectural works sweeps aside the rhetorical, interpretative field, like so many stones laid to form his own stout, precise, and, in a word, effective edifice, devoid of gratuitous details. Charles Vandenhove does not saddle himself with discourse, just the way Adolf Loos did not saddle himself with ornamentation.

One way of understanding our intent to acclaim the work of these two architects, for the split-second duration of an impromptu score for two talented duettists, lies in the process of time. This time factor, which is intrinsic to their respective works, confirms that both men have sound hunches. There is never any quest for prowess or demonstrative gesture, rather a chronological continuity of dovetailing projects, modulating each other, magnetizing each other by forming fine foliated layers which consolidate reflection and act by resisting the fads, trends and all those other whims of History which some might tend to turn into an opportunity for ceaseless stylistic turn-arounds.

This fundamental thinking which introduces into longevity the denominator common to these two men, even though abbreviated for Loos, imposes a maturation, an evolution in the work which alternates deliberately polemical stages with long pauses and silences, akin to a need to stand alertly back, in contrast with the revolutionary and modern onrush of the beginning. So in 1924, after *Talking in the Void*, a collection of articles published in 1900,

après *Parler dans le vide*, recueil d'articles paru en 1900 puis *Ornement et crime* en 1908, Loos écrit en 1924 dans *Ornement et éducation*: « Il y a vingt ans, j'ai prétendu qu'avec l'évolution de l'humanité, l'ornement disparaîtrait des objets d'usage, une évolution qui se poursuit de manière continue et qui est aussi naturelle que la disparition de la voyelle dans la syllabe finale d'une langue parlée. Mais je n'ai jamais pensé, ce que les puristes ont poussé jusqu'à l'absurde, qu'il fallait supprimer systématiquement tout ornement. » Si ses contemporains y ont vu le secret désaveu, le *pentimento* tant attendu, ils se trompaient, ne comprenant pas qu'en fait Adolf Loos, selon la formule percutante de Karl Raimund Lorenz, était « parmi les architectes autrichiens le premier moderne et le dernier classique. » Il faut toujours associer chez Loos l'avant-garde et l'arrière-plan du contexte historique pour apprécier pleinement tous les enseignements de son œuvre, comme il faut suivre l'évolution du travail continuel et méthodique de Charles Vandenhove pour saisir le sens de cette formule magnifique, le « premier moderne » et « dernier classique ».

La dualité entre le moderne et le classique, qui relie par un fil suspendu dans le temps les Grecs aux Maîtres du XXᵉ siècle, passait par la révolution pour Loos, tant politique que cosmique, temporelle. Elle puise sa source dans une sagesse quasi monacale pour Charles Vandenhove.

Au temps vif et preste qui joue en la faveur de Loos se magnifie un temps quasi silencieux pour Vandenhove, un temps contemplatif qui n'invite pourtant pas à la béatitude, mais davantage à l'expérience intérieure, expérience très proche de la peinture réduite à l'essentiel. Choisissons l'image d'une œuvre abstraite des années cinquante, une toile lyrique et sombre de Antoni Tapiès, un immense pliage de Simon Hantaï, des coulures colorées baignant dans le vide avec Sam Francis ou celle d'un monochrome des années 60, un grand dessin noir à la mine de plomb de Brice Marden ou un petit carré pictural blanc de Robert Ryman, pour illustrer cette profonde intériorité et introduire cette relation presque sacralisée à l'art de notre temps. Comme George Bataille, nous appliquons au sacré un rapport à l'art des plus profanes, débarrassé de toute scorie religieuse…

## LES LEÇONS DE PYTHAGORE ET DE MNÉMOSYNE

Modernes et classiques, ces deux architectes le sont, avec le même goût pour l'art de leur époque et celui du passé le plus ancien. L'enseignement des Grecs pour Loos a façonné ses conceptions alliant le monumental, la structure et le détail. Il lui était ainsi possible de ne pas laisser apparaître isolément la construction, la structure architecturale, car dans l'Antiquité classique, par exemple dans l'architecture grecque, sous l'influence du principe d'habillage de la façade, la structure et la décoration sont, selon Semper, « si intrinsèquement liées l'une à l'autre qu'on ne peut les dissocier ». Cette même vérité se retrouve dans tout l'œuvre de Charles Vandenhove où il y a pour chaque réalisation une loi secrète et harmonieuse qui veille à souder le monumental au détail, la structure aux finitions, donc au choix des matériaux, le principe qui régit l'ensemble et la place immense ou parfois réduite à l'essentiel accordée à la création artistique.

Si les Grecs avaient dissocié les arts mineurs des arts majeurs, ils avaient aussi hiérarchisé les domaines de la création, hissant l'architecture au Panthéon du génie humain, parce que celle-ci se ressourçait autant dans les champs de l'algèbre cosmique et mathé-

then *Ornament and Crime,* published in 1908, Loos wrote in *Ornament and Education*: 'Twenty years ago, I claimed that with the evolution of humankind, ornament would disappear from utilitarian objects, an evolution which has been forcing continually onward, and which is as natural as the disappearance of the vowel in the final syllable of a spoken language. But I have never thought – and this is something that purists have pushed *ad absurdum* – that all ornament should be systematically done away with.' In this observation, Loos's contemporaries saw the secret disavowal, the much-awaited pentimento, but they were mistaken, for they failed to grasp that, in accordance with Karl Raimund Lorenz's striking formula, Adolf Loos was actually 'the first modern Austrian architect, and the last classical one'. With Loos, it is always important to associate the Avant-garde and the backdrop of the historical context in order to fully appreciate all the lessons to be drawn from his oeuvre, just as it is important to follow the evolution of Charles Vandenhove's continual and methodical work in order to understand the meaning of that splendid formula, 'first modern' and 'last classical'.

The duality between modern and classical, which, by way of a thread suspended in time, links the Greeks with the 20th-century Masters, passed by way of revolution for Loos – a revolution as political as it was cosmic and temporal. Its wellspring comes from an almost monastic wisdom for Charles Vandenhove.

In the brisk and nimble time which plays in Loos's favour, an almost silent time is exalted for Vandenhove, a contemplative time, but one which does not invite bliss but rather inner experience, an experience very close to painting scaled down to the bare essential. To illustrate this profound innerness and introduce this almost sacred relationship to the art of our day and age, let us choose the image of an abstract work from the 1950s, a lyrical and sombre canvas by Antoni Tapiès, a huge folded work by Simon Hantaï, colourful streaks basking in the void with Sam Francis, and a monochrome from the 1960s, a large black lead drawing by Brice Marden or a small white painted square by Robert Ryman. Like Georges Bataille, we apply to the sacred a relation to one of the most profane forms of art, rid of all religious dross…

## THE LESSONS OF PYTHAGORAS AND MNÉMOSYNE

Both modern and classical is what these two architects are, with the same fondness for the art of their time and the art of the most remote past. For Loos, the lessons of the Greeks fashioned his conceptions by linking the monumental, structure, and detail. So it was possible for him not to show the construction – the architectural structure – in isolated glimpses, for in classical Antiquity, for example in Greek architecture, influenced by the principle of cladding or covering the façade, structure and decoration are, in Semper's words, 'so intrinsically bound up with each other that they cannot be separated'. This same truth crops up in all of Charles Vandenhove's oeuvre where, for each work, there is a secret and harmonious law ensuring that the monumental is united with the detail, and structure with finishes, hence with the choice of materials, the principle governing the whole and the huge or at times small place, reduced to the essential, granted to artistic creation.

The Greeks may have separated the minor arts from the major arts, but they also hierarchized the various areas of creation, elevating architecture to the Pantheon of human genius, because this latter drew sustenance as much from the fields of cosmic and mathem-

matique que dans ceux de la stylistique et de la peinture. Citons le peintre Kokoschka, fidèle ami de l'architecte et acteur de cette effervescence artistique où Vienne fut pendant quelques années le centre du monde : « Adolf Loos se disait "maçon". Mais il faut donner à ce terme sa signification la plus noble, celle de l'Antiquité.

C'est dans ce sens qu'il bâtit, quand on lui accorda. L'œuvre de Palladio, le dernier architecte pénétré de cet esprit, était pour lui la Bible et la Loi. Les ordres antiques ne lui servaient pas comme modèles, il y trouvait plutôt la représentation des proportions humaines dans leur rapport au monde. »

Charles Vandenhove s'est aussi exprimé sur ces périodes cruciales de l'histoire de l'art où seuls les classiques pouvaient rivaliser avec les modernes ressourcés dans leurs modèles premiers, qu'il s'agisse des anciens de la Grèce antique, des humanistes de la Renaissance italienne ou des avant-gardistes du Bauhaus ou de De Stijl : « Je voudrais, un peu comme cela se faisait à la Renaissance, que le travail des artistes s'inscrive dans le mien et que l'un ne puisse se passer de l'autre. C'est très ambitieux. » Ou encore à la question sur la collaboration entre l'architecte et l'artiste a priori rompue : « Cette relation est rompue depuis bien longtemps – encore qu'il y ait des intégrations intéressantes avec l'art nouveau. Je pense à Klimt, dans le bâtiment de la Nouvelle Sécession, à l'Hommage à Beethoven qui n'est quand même pas rien. Mais comme on le sait, Klimt, qui avait été missionné par l'Université, en a été chassé et il a alors abandonné toute collaboration avec l'architecture. Cette relation entre art et architecture a été délirante à la Sécession, surtout en Autriche. Et pensons aussi plus proche de nous à Hoffmann avec le palais Stoclet. Mais la rupture est bien antérieure à cette grande époque. C'est quand on a magnifié l'art et que l'art est devenu « autonome » que le lien a été détruit ! L'art a été séparé de la vie, du contexte. Cette rupture s'est accomplie quand on a commencé à valoriser les musées. Aujourd'hui encore, l'art est trop entré dans les musées, et on n'est pas prêts de faire machine arrière. »

L'art pour l'art, cette volonté esthétique née à la fin du XIXe siècle pour libérer l'art du quotidien, le rendre autonome pour en découdre avec le réalisme et le romantisme où la peinture devenait de plus en plus illustrative, bien trop narrative, n'a pas séduit Charles Vandenhove, à juste titre. Ne considère-t-il pas que les artistes se doivent de suivre les contraintes ontologiques, même matérielles, saisir la géographie des espaces imaginaires ou vécus, l'histoire des humains qu'ils partagent, même retranchés dans un atelier ou un bureau isolé. L'art ne doit pas être déconnecté de la vie, et n'entreraient au musée que des chefs-d'œuvre magnifiés par des lieux magnifiques, mais alors cyniquement fossilisés de par leur conditionnement artificiel (accrochage, éclairage…).

La Grèce antique avait institué des canons esthétiques valables pour l'architecture et la sculpture, règles qui, au-delà de leur spécificité stylistique et formelle, avaient des fonctions artistiques et éthiques très précises, ancrées dans un idéal philosophique. On doit à l'un des pères de l'esthétique, Winckelmann, la genèse du décryptage de ces codes qui, bien qu'oubliés aujourd'hui, perpétuent leur véracité au travers d'œuvres très contemporaines, et avec des artistes que Charles Vandenhove associe presque intuitivement à ses architectures.

Confrontant la beauté des visages sculptés des *Nike* grecques aux productions artistiques de la Rome antique, Winckelmann avait énoncé sa théorie sous la forme d'une parfaite métaphore :

atical geometry as from those of style and painting. Let us mention the painter Kokoschka, loyal friend of the architect, and much involved in that artistic effervescence, where, for a few years, Vienna was the world's hub: 'Adolf Loos called himself a "mason"'. But this term must be endowed with the noblest of meanings, that of Antiquity.

This was the way he built, when permitted. For him, the work of Palladio, the last architect to be steeped in this spirit, was both Bible and Law. The antique orders did not act as models for him; in them he found the representation of human proportions in their relation to the world.

Charles Vandenhove also talked about those crucial periods of art history when the Classics alone could rival the Moderns recharged in their primary models, be it the Ancients of the Greece of Antiquity, the Humanists of the Italian Renaissance, or the avant-garde members of the Bauhaus and De Stijl movements: 'A bit as was done in the Renaissance, I should like artists' work to be included in mine, with the one unable to do without the other. It is very ambitious.' Or the question of the collaboration between architect and artist, severed a priori: 'This relation has been severed for a long time… though there are interesting incorporations with Art nouveau. I'm thinking of Klimt, in the New Secession building, of the Tribute to Beethoven, which is quite something, all said and done. But as we know, Klimt, who had been taken on by the University and then driven out of it, duly abandoned all collaboration with architecture. This relation between art and architecture was a frenzied one at the time of the Secession, especially in Austria. And let us also think closer to home, of Hoffmann with the Stoclet Palace. But the severance came well before that great period. It was when art was exalted and art became 'autonomous' that the link was destroyed! Art was separated from life and context. This break occurred when people started to develop museums. Even today, art has still made too many inroads into museums, and we're not ready to backtrack.'

Art for art's sake – that aesthetic desire which came into being in the late 19th century to free art from the humdrum, and make it autonomous in order to grapple with Realism and Romanticism, where painting was becoming increasingly illustrative, and far too narrative – failed to woo Charles Vandenhove, and rightly. Does he not reckon that artists should abide by ontological and even material restrictions, grasp the geography of imaginary or experienced spaces, the history of human beings which they share, even entrenched in a studio or some lonesome office? Art should not be disconnected from life, and the only works to find their way into museums would be masterpieces glorified by magnificent places, but then cynically fossilized by their artificial packaging (hanging, lighting).

Ancient Greece introduced aesthetic canons that applied to architecture and sculpture, rules which, over and above their specific stylistic and formal features, had very precise artistic and ethical functions, rooted in a philosophical ideal. We owe to one of the founding fathers of aesthetics, Winckelmann, the birth of the decipherment of codes which, though forgotten about today, perpetuate their veracity through very contemporary works, and with artists whom Charles Vandenhove almost intuitively associates with his architectures.

By comparing the beauty of the sculpted faces of Greek Nikes – goddesses of victory – with the artistic products of ancient Rome,

« Comme le fond de l'océan reste calme et immobile pendant que la tempête trouble la surface, de même l'expression qui règne dans une belle figure grecque peint une âme toujours grande et tranquille au milieu des secousses les plus violentes et des passions les plus terribles. » Aux représentations emplies de *pathos* que se plaisaient tant à créer les sculpteurs romains, le chercheur allemand préférait les œuvres grecques à l'apparence si calme, presque figée, hiératique. Winckelmann ne put les approcher, les toucher du regard que par des sources documentaires et des visites régulières aux musées de Dresde et de Potsdam. Son destin croisa en effet celui de Pasolini. Né à Stendal, il mourut à Trieste. Si à Rome ou à Herculanum, il eut le loisir d'étudier les œuvres sur le terrain, il ne foula jamais le sol grec, étranglé à mi-chemin par un jeune voyou, Arcangeli, juste avant le Grand Voyage. Pour quelques médailles d'or et une passion sulfureuse, comme quoi le philosophe savait séparer ses amours secrètes et romantiques de son savoir jamais dicté par l'émotion : « Les attitudes et les mouvements dont la violence, le feu et l'impétuosité sont incompatibles avec cette grandeur calme dont je parle, étaient regardés par les Grecs comme défectueux, et ce défaut s'appelait *Parenthirsos* », avait noté Winckelmann dans son *Recueil de différentes pièces sur l'art*.

Ainsi, en copiant les Grecs, les Romains ont ajouté aux canons corporels tant convoités des expressions dégradant leur unicité et leur beauté originelles selon les remarques de Winckelmann. À l'élégance, la tranquillité et au calme apparents s'opposent des émotions incontrôlées, non maîtrisées, qui flattent le *pathos* et miment une condition humaine sous-tendue par tous les soubresauts de l'âme. La belle métaphore d'un océan au fond toujours calme malgré ses agitations en surface a le mérite de distinguer des catégories esthétiques qui se sont chevauchées, opposées dans les courants artistiques du grand fleuve que constitue l'art du XXᵉ siècle. Par la longévité de son œuvre, Charles Vandenhove a laissé son instinct guider ses goûts artistiques qu'il a matérialisés par des commandes qui, elles-mêmes, ont infiltré toutes ses aventures architecturales. Modernes et classiques, les voici ces premiers exemples qui confirment cette alchimie matérialisant la pensée de l'architecte, exemples fulgurants, comme le liquide se solidifie par sa simple application des lois naturelles, aidé par un savoir-faire secret et hors pair.

Qu'il s'agisse de Daniel Buren et de Giulio Paolini pour le Salon royal de la Monnaie à Bruxelles, on ne peut trouver deux artistes plus différents formellement, et pourtant si proches, le premier avec la rigueur d'un ascète qui depuis le début des années soixante a élu une forme neutre, la fameuse bande de 8,7 cm, telle une facture, au sens musical, un blason héraldique qui signe l'espace in situ et fait sens avec lui, et le second, l'Italien ivre du patrimoine gréco-latin, qui se réapproprie ces fameux canons de l'Antiquité pour les intégrer dans des perspectives dont le point de mire est souvent caché, des saynètes énigmatiques, muettes car garantes et jalouses de leur secret, comme les aurait tant aimées Winckelmann…

Autre artiste, autre génération et pourtant, même évidence classique et atemporelle : Sol LeWitt, avec ses variations de polyèdres colorés au CHU, Université de Liège. L'artiste américain inscrit des formes simples, les bases de l'architecture classique, ici un cube, là une pyramide, au rez-de-chaussée, sur une suite rythmée de panneaux de bois qui composent un lieu de passage avec des portes vitrées et une structure légère, comme posée au centre d'un monumental vestibule en béton d'où jaillissent deux énormes colonnes qui soutiennent l'ensemble. Elles-mêmes sont pourtant posées sur

Winckelmann declared his theory in the form of a perfect metaphor: 'Just as the ocean bed remains still and motionless while the storm whips up the surface, so the expression that reigns in a beautiful Greek figure depicts an invariably great and tranquil soul amid the fiercest jolts and most fearsome passions.' The German scholar preferred Greek works, so calm in appearance as to be almost frozen and hieratic, to those pathos-filled representations that Roman sculptors were so happy to create. Winckelmann was only able to approach them, and touch them with his gaze, through documentary sources and during regular visits to the museums of Dresden and Potsdam. His destiny actually crossed paths with Pasolini's. He was born in Stendal and died in Trieste. He was indeed able to study works in the field at his leisure, in Rome and Herculaneum, but he never managed to set foot on Greek soil, strangled as he was when halfway there by a young lout called Arcangeli, whom he had befriended just before his Grand Tour. For a few gold medals and a fiendish passion, whereby the philosopher managed to separate his secret and romantic love affairs from his learning, which was never dictated by emotion: 'Attitudes and movement, whose violence, fire and impetuosity are incompatible with that calm greatness I'm talking about, were regarded by the Greeks as defective and flawed, and this defect or flaw was called *Parenthirsos* (parenthyrsis)', noted Winckelmann in his collection of various pieces about art.

By copying the Greeks, the Romans accordingly added to the much-coveted physical canons of expressions degrading their original uniqueness and beauty, according to Winckelmann's observations. Apparent elegance, tranquillity and calm all contrast with uncontrolled emotions encountered, which flatter the pathos and mimic a Human Condition underpinned by all the shudders of the soul. The lovely metaphor of an ocean essentially always calm despite its superficial commotion has the merit of singling out aesthetic categories that have become dovetailed, and contrasted in the artistic currents of the great river formed by 20th-century art. As a result of the longevity of his work, Charles Vandenhove has let his instinct steer his artistic tastes to which he has given substance by way of commissions, and which, themselves, have worked their way into all his architectural adventures. Both modern and classical, here they are, these early examples confirming this alchemy which renders the architect's thinking material, dazzling examples, like liquid solidifying by its simple application of natural laws, aided by a secret and peerless know-how.

In the case of Daniel Buren and Giulio Paolini at the Salon Royal de la Monnaie in Brussels, it is not possible to find two more formally different artists, and yet the former, with the rigour of an ascetic who, since the early 1960s, has opted for a neutral form, the famous 8.7 cm strip, like a construct(ion), in the musical sense, a heraldic coat of arms which signs the space in situ and makes sense with it; and the latter, the Italian intoxicated by his Graeco-Latin heritage, who re-appropriates those famous canons of Antiquity, and incorporates them in perspectives whose target is often hidden, enigmatic playlets which are mute because they are jealous guarantors of their secret, as Winckelmann would indeed have liked them.

Another artist, another generation, and yet the same classical and atemporal facts: Sol LeWitt with his variations of coloured polyhedra at the University Hospital in Liège. The American artist incorporates simple forms, the bases of classical architecture, here a cube, there a pyramid, on the ground floor, on a rhythmic sequence of wooden panels which form a place of passage with glass doors and a light structure, as if set at the centre of a monumental concrete hall with

un parterre de marbre miroitant les formes de la structure métallique, comme si tout se passait dans ce dialogue entre le colossal et le raffinement, le lourd, le plein, le vide et le léger. Nous sommes confrontés à nouveau aux problématiques de l'architecture où l'on comprend comment et pourquoi Charles Vandenhove a proposé cet espace et pas un autre au père de l'art minimal : tous deux se répondent avec virtuosité et complicité en matière de connaissance de l'histoire de l'art et de l'architecture, avec leur propre expérience qui leur permet de ne rien avoir à démontrer, juste à laisser deviner : belle image du savoir pour un bâtiment fréquenté, traversé tous les jours par des centaines d'étudiants qui ont face à eux une clé pour pénétrer l'univers du savoir et de la connaissance. Belle preuve aussi de fidélité et d'amitié entre un artiste et un architecte à travers cette relation commencée il y a près de trente ans.

Choisissons encore quelques exemples de ces artistes imprégnés des leçons des anciens, parfois au point de manquer légèrement de recul, certainement par excès de fascination, comme Anne et Patrick Poirier. Dans la place de Tikal en Hors-Château de Liège, ils ont joué sur les échelles et les points de vue entre l'architecture et l'art, ont élevé une construction rappelant tous les archétypes de la préhistoire de l'architecture, celle érectile, symbole de puissance, voire de virilité qu'on retrouve à travers le temps et la planète, en Bretagne avec ces rangées de menhirs ou au pays de Galle avec les pierres levées, en Haute Égypte avec les obélisques ou sur les plateaux aztèques avec les pyramides défiant les lois de la gravité… Dans la Maison heureuse à Liège, les répétitions de Jean-Pierre Pincemin rappelant des jeux de construction dignes d'un cabinet de curiosité, qu'on retrouve déjà sur des fresques romaines ou dans les planches des *Melancholias* de Dürer, sont fixées, comme aplaties sur le sol alors qu'au fond de la vaste salle vide, des maisons de Loïc Le Groumellec flottent dans l'espace pictural comme des cabanes primitives de l'enfance, si naïves et innocentes qu'elles n'ont pas encore besoin de fondation pour exister…

Citons enfin le palais de justice de 's-Hertogenbosch avec, fait assez rare dans cette œuvre de l'architecte commanditaire, pas moins de quatre photographes, Jeff Wall, Hein Jacobs, Jan Dibbets ou Willem Oorebeek qui dialoguent avec des voûtes dont la rotondité a été volontairement brisée par des demi-cercles inversés. Loin des évidences et d'un style à proprement parler classique, chacun se concentre sur le détail, dans un bâtiment qui justement, lui, au contraire, se déploie dans une frénésie de modularités, de sérialités de petites voûtes répétées, de grandes colonnes de tailles différentes mais visiblement homothétiques et de successions de motifs muraux rectilignes, une fois divisés par quatre rectangles dans leur verticalité, et encore par quatre sur la hauteur. Radicalement différents, Jeff Wall et Jan Dibbets ont synthétisé à merveille la monumentalité de l'espace qui semble induit par cette loi des matières fractales où le tout se retrouve dans le particulier, et vice versa. Avec Dibbets, le détail peut être imagé par l'agrandissement d'une particule du réel, le grain de la couche picturale d'un revêtement, une ombre sur un mur jaune, un reflet sur une matière métallique… Jeff Wall, quant à lui, découpe une histoire banale du quotidien, focalisant le regard sur des détails anodins de la vie qu'il met en scène, recompose artificiellement, à l'image des grands fresquistes du Quattrocento qui reconstituaient la vie du dehors à l'intérieur de leur atelier. Ils savaient que pour mieux faire comprendre le message divin, il fallait ancrer le fait religieux dans un quotidien, au risque d'être banal, ici un paysan labourant son champ, là un troubadour entrant dans la cité alors que le Christ est présenté aux hommes pour qu'ils s'identifient à lui et donc portent en eux le

enormous columns jutting from it, and supporting the whole thing. They themselves are nevertheless set on a marble floor which reflects the shapes of the metal structure, as if everything were taking place in this dialogue between colossalness and refinement, the heavy, the solid, the void and the light. We are once again faced with the architectural problem-sets where we understand how and why Charles Vandenhove has proposed this particular space and not some other venue to the father of Minimal art: both respond to each other with virtuosity and complicity when it comes to their knowledge of both art history and the history of architecture, and with their own experience which enables them not to have to demonstrate anything, merely suggest: a fine image of learning for a building frequented and passed through day in day out by hundreds of students who are faced with a key for penetrating the world of learning and knowledge. A fine proof, too, of fidelity and friendship between an artist and an architect through this relationship that was born almost 30 years ago.

Let us choose a few other examples from these artists, steeped in the lessons of the Ancients, at times to the point of slightly lacking distance, no doubt through a surfeit of fascination, like Anne and Patrick Poirier. In place de Tikal, in the Hors-Château district of Liège, they have played on the scales and viewpoints between architecture and art, and erected a construction calling to mind all the archetypes of the prehistory of architecture, erectile, symbol of might, not to say virility that occurs throughout time and all over the planet, in Brittany with those rows of menhirs and in Wales with its standing stones, in Upper Egypt with its obelisks and on those Aztec plateaux with their pyramids defying the laws of gravity… In the Maison heureuse, in Liège, the repetitions of Jean-Pierre Pincemin, calling to mind building games worthy of a *Wunderkammer*, which are to be found in early Roman frescos and in Dürer's *Melancholia* plates, are affixed, as if flattened on the floor, while at the far end of the vast empty room, Loïc Le Groumellec's houses float in the pictorial space like primitive childhood huts, so naïve and innocent that they do not yet need any foundation to exist.

Lastly, let us mention the Law Courts at 's-Hertogenbosch with – and this is somewhat rare in this work of the commissioning architect – no less than four photographers, Jeff Wall, Hein Jacobs, Jan Dibbets and Willem Oorebeek, who dialogue with vaults whose roundness has been deliberately broken by inverted semicircles. Far from obviousness and a strictly speaking classical style, each one focuses on the detail, in a building which, on the contrary, it just so happens, unfurls in a frenzy of modularities and serialities of small repeated vaults and large columns of different sizes, but visibly homothetic, and sequences of rectilinear mural motifs, once divided by four rectangles in their verticality, and still by four heightwise. Jeff Wall and Jan Dibbets, who are radically different, have wonderfully summarized the monumentality of the space which seems induced by that law of fractal matter where the whole is to be found in the detail, and vice versa. With Dibbets, the detail can be coloured by the enlargement of a particle of the real, the grain of the painted layer of a coating, a shadow on a yellow wall, a reflection on metal matter… Jeff Wall, for his part, dissects a commonplace humdrum story, focusing the eye on the anodyne details of the life he presents, and artificially puts back together again, like the great Italian fresco painters of the 15th century who re-created life outside within their studio. They knew that, in order to get the divine message across as clearly as possible, it was necessary to anchor the religious fact in the day-to-day, at the risk of being banal, here a peasant tilling his field, there a troubadour entering

message divin. Avec Jeff Wall, le passant d'origine africaine a remplacé le paysan laboureur, la voiture a pris la place du chevalier ménestrel, le symbolon de Tobie est devenu un vulgaire sac en papier, celui dans lequel on mange en hâte un hamburger.

Monumentalité et détail, structure d'ensemble reflétée dans la logique d'une œuvre d'art inscrite dans un endroit choisi du bâtiment, voilà comment Charles Vandenhove prend à son compte les grandes leçons des classiques. Et s'il ne fallait retenir qu'un bâtiment pour saisir à quel point cette synthèse des arts est une perpétuelle recherche d'accomplissement, choisissons le Théâtre des Abbesses, glossaire et manifeste de tout l'œuvre de Charles Vandenhove, qui, comme Adolf Loos, suit la voie des premiers modernes et derniers classiques. Citons un passage du texte que Bart Verschaffel avait consacré à cet édifice : « L'architecture classique est théâtrale. Le « theatron » grec signifie en effet : ce qui mérite d'être vu. (…) Le caractère théâtral transforme et valorise ainsi à la fois le spectateur et ce qu'il lui est donné à voir. (…) Vandenhove prend trois libertés. La première : le théâtre ne trône pas, il est simplement plus bas que la place, il atténue la tendance dominatrice de ce type d'architecture et même l'inverse. La deuxième : la frise est ornée de rainures verticales qui s'inclinent progressivement vers la droite. Comme la place et la façade forment une composition symétrique que l'on voit naturellement à partir de l'axe, la frise vient ainsi troubler la tranquillité : on "lit" de gauche à droite – plus subtil que les mots de Barry peints sur la façade – le seul mot absolument opposé à cette démarche : tomber. La troisième : une horloge solitaire dans l'œil-de-bœuf du fronton. Pourquoi une horloge ? Pour savoir l'heure ? Une gare et une Bourse doivent connaître l'heure, mais un théâtre ? Une horloge ne se contente cependant pas d'afficher l'heure : elle donne aussi à voir comment le temps passe. »

Ainsi derrière les colonnades cannelées, la façade peinte en rouge est recouverte non pas de maximes faisant l'éloge des filles de Mnémosyne, la tragédie ou la poésie lyrique. Robert Barry y a inscrit avec sa police de caractères immuable depuis le début des années soixante des concepts très simples qu'on retrouve inscrits dans le verre dépoli des garde-corps des fauteuils du balcon. Olivier Debré a par le pinceau et la couleur fait vibrer les surfaces des parois latérales de la salle de spectacle. Dans l'école de danse attenante, Jean-Charles Blais a simplement peint le mot « dansez », encore une invitation pour le visiteur à n'être pas seulement un spectateur, mais aussi l'acteur de son expérience d'un jour, au cœur du temple des Muses ou de la grotte de la Sibylle, si l'on pense au travail quasi archéologique mené par Patrick Corillon. Ainsi, ce théâtre, avant d'être investi par les metteurs en scène, les acteurs et les spectateurs, était déjà habité dans ses moindres détails, et cette attention particulière était bien sûr inscrite dans la genèse du programme de l'architecte…

Notre volonté de lier Loos et Vandenhove au cœur de cet ouvrage concerne directement l'implication passionnée, quasi obsessionnelle, assurément fusionnelle de l'architecture jamais déconnectée des autres arts que sont la peinture ou la sculpture. Cette passion essentiellement basée sur l'amitié pour Loos devient le fondement de l'œuvre de Charles Vandenhove, telle est la nécessité intrinsèque intégrée aux principes mêmes de l'architecture. L'art nourrit l'architecture et puise en elle ses sources, exactement comme pensait le philosophe Adorno lorsqu'il expliquait que toute œuvre prend son sens dans « un contenu sédimenté » de la vie et de l'Histoire. Adorno écrivait aussi que « l'œuvre d'art ne se maintient en vie que par sa force de résistance sociale », donc résistant aux facéties des modes

the city while Christ is being presented to the people that they might identify with him, and thus bear within themselves the divine message. With Jeff Wall, the passer-by hailing from Africa has replaced the peasant with his plough, the car has taken the place of the minstrel knight on horseback, the symbolon of Tobias has become a vulgar paper bag, the kind in which you hurriedly eat a hamburger.

Monumentality and detail, overall structure reflected in the logic of an artwork incorporated in a chosen place in the building, this is how Charles Vandenhove takes on board the great lessons of the Classics. And if we had to consider just one building to grasp the degree to which this synthesis of the arts is an on-going quest for completion, let us choose the Théâtre des Abbesses, which is both a lexicon and a manifesto of the entire oeuvre of Charles Vandenhove, who, like Adolf Loos, pursues the voice of the first moderns and the last classics. Let us quote an excerpt from the essay written by Bart Verschaffel about this edifice: 'Classical architecture is theatrical. Greek "theatron" actually means: that which deserves to be seen. […] The theatrical character thus transforms and enhances both the onlooker and whatever is there for him to look at. […] Vandenhove takes three liberties. The first: the theatre does not have pride of place, it is not enthroned, it is simply lower than the square, it attenuates the dominating tendency of this type of architecture and even reverses it. The second: the frieze is decorated with vertical grooves which gradually veer to the right. Just as the square and the façade form a symmetrical composition that can naturally be seen from the axis, the frieze thus disturbs the tranquillity: we "read" from left to right – more subtle than Barry's words painted on the façade – the single word which is the absolute opposite of this approach: fall (*tomber*). The third: a solitary clock in the bull's-eye of the pediment. Why a clock? To know what time it is? A station and a Stock Exchange must know what time it is, but a theatre? A clock is not limited, however, to showing the time of day: it also shows how time passes.'

So behind the fluted colonnades, the red-painted façade is covered not with maxims in praise of the daughters of Mnemosyne, tragedy and lyric poetry. On it, with his font of characters that has remained unchanged since the early 1960s, Robert Barry has drawn very simple concepts that are inscribed in the polished glass of the railings for the seats in the balcony. Using brush and colour, Olivier Debré has created vibrations in the surfaces of the side walls of the auditorium. In the adjoining dance school, Jean-Charles Blais has simply painted the word: 'dansez', 'dance', another invitation to the visitor to be not only a spectator, but also the actor in his one-day experience, at the heart of the Temple of the Muses or the Sibylline antrum, if we think of the almost archaeological work undertaken by Patrick Corillon. So, before being occupied by directors, actors and audience, this theatre was already clad in its tiniest details, and this particular attention was writ large in the genesis of the architect's programme…

Our desire to link Loos and Vandenhove at the hub of this book has to do directly with the passionate, almost obsessive, and certainly intense involvement of architecture, never disconnected from the other arts represented by painting and sculpture. This passion, based essentially on his friendship with Loos, becomes the foundation of Charles Vandenhove's oeuvre, such is the intrinsic necessity included in the very principles of architecture. Art nurtures architecture, and draws its sources from it, precisely as the philosopher Adorno thought, when he explained that all work takes its meaning

par ce ciment qui consolide durablement sa genèse au point de la hisser au rang d'icône. Mais l'icône est rare, puisque l'histoire de l'art est cruelle, ne retenant dans son sillage que peu d'élus… Ciment, contenu sédimenté, fondement, profondeur, genèse, strates, toutes ces métaphores qui illustrent une « Archéologie du savoir » chère à Michel Foucault sont à prendre ici pour ce qu'elles sont : des images d'une matérialité inhérente au métier de l'architecte qui sait mieux que personne que rien n'est viable sans de solides fondations.

Deux voies différentes permettent d'aborder professionnellement son propre amour de l'art, soit comme le faisait Loos, en s'immergeant dans son époque touchée par la grâce où l'interdisciplinarité des arts était poussée à son paroxysme, soit comme le fait Charles Vandenhove qui sait que Liège est une cité davantage liée à son passé qu'à sa modernité, donc loin de toute création contemporaine, en faisant venir à lui les artistes comme Laurent de Médicis le faisait à Florence. À moins aussi, comme l'architecte le fait parallèlement à son travail, de rassembler année après année des œuvres d'art qui constituent au fil du temps une collection en devenir, exemplaire au point de prendre la forme bientôt d'une fondation au cœur de la cité liégeoise… Charles Vandenhove demeure très fidèle à ses engagements artistiques, signant depuis un demi-siècle chaque architecture avec l'intention de la faire résonner avec les arts plastiques, comme autant d'instruments de musique jouent de concert pour créer une fusion mélodique. Cette fusion devient aujourd'hui presque la signature de l'architecte tant la fidélité à ce précepte est devenue une évidence qui fait de chaque bâtiment une aventure esthétique et humaine : quel artiste sera choisi, comment peintures ou sculptures viendront jouer avec le vocabulaire de l'architecte…

## DES CRÉATIONS COMBINATOIRES ET MODULAIRES AU CONTENU SÉDIMENTÉ

Charles Vandenhove révèle une part cachée de sa personnalité dans l'entretien avec Irmeline Lebeer déjà cité, celle de sa formation et de ses désirs de jeunesse : « J'ai fait deux rêves : j'aurais voulu être peintre-sculpteur et, tout au début, quand j'ai fait mes premières maisons avec Kroll, on intervenait nous-mêmes – j'ai fait des peintures dans le hall, inspirées de Vantongerloo ou Mondrian. Et puis j'aurais voulu faire du cinéma, mais j'ai toujours eu peur de la technique. Je suis un très grand admirateur de Godard. De son intransigeance. Le manque de communication, voilà ce que je trouve exprimé chez Godard d'une manière qui m'émeut très fort. Moi aussi, je veux faire des images, avec des gens, pour faire voir, sans avoir à dire. Si les circonstances avaient été différentes, je serais devenu cinéaste. » Si l'architecte souvent pudique et timide se livre peu aux commentaires, cette information d'ordre quasi intime est doublement utile et passionnante pour nos recherches. Elle laisse entrevoir deux ouvertures possibles pour analyser cette relation intrinsèque à l'art, et plus particulièrement celle de l'autonomie ou de l'hétéronomie de l'œuvre d'art. Charles Vandenhove n'apprécie guère le principe de l'art pour l'art, et sait que depuis que des grands historiens de l'art tels Mircea Eliade ou Erwin Panofsky ont décrypté le sens caché de l'art, la création est stimulée par deux approches différentes de l'image. Ce qui faisait foi pour les grands sujets chrétiens perdure aujourd'hui encore selon des catégories distinctes, alors même que l'aura religieuse a perdu de sa superbe. Si depuis Jacques de Voragine, l'iconographie était pour les exégètes une science quasi exacte, rendant possible une analyse de l'image par les seules sources officielles, les textes sacrés, la Bible, les écrits apocryphes…, l'iconologie étoffait cette première

in the 'sedimented content' of life and History. Adorno also wrote that the work of art only stays alive through its power of social resistance – thus withstanding the wisecracks of fashions by this cement that enduringly consolidates its genesis to the point of elevating it to the rank of icon. But the icon is rare, because the History of art is cruel, keeping in its wake just a few who are chosen… Cement, sedimented content, foundation, depth, genesis, strata, all these metaphors which illustrate an 'archaeology of learning', dear to Michel Foucault, are to be taken here for what they are: images of a materiality inherent to the profession and craft of the architect, who knows better than anyone else that nothing is viable without solid foundations.

Two different avenues help to broach, professionally, his own love of art, either the way Loos did, by immersing himself in his period touched by grace, where the interdisciplinarity of the arts was pushed to its paroxysm, or the way Charles Vandenhove acts, knowing, as he does, that Liège is a city more attached to its past than to its modernity, so removed from all contemporary creation, summoning artists to it just as Lorenzo de' Medici did in Florence. Barring the fact, too, as the architect does in tandem with his work, that works of art were brought together year after year, works which form over time a collection in the making, exemplary to the point of before long taking on the form of a foundation at the heart of the city of Liège… Charles Vandenhove remains very faithful to his artistic commitments, for half a century signing each architectural work with the intention of making it resound with the visual arts, like so many musical instruments playing in concert to create a melodic fusion. This fusion is today becoming almost the signature of the architect, so markedly has his faithfulness to this precept become an obvious fact which turns every building into an aesthetic and human adventure: which artist will be chosen, what paintings and sculptures will play with the architect's vocabulary…

## COMBINATIONAL AND MODULAR WORKS WITH A SEDIMENTED CONTENT

Charles Vandenhove reveals a hidden part of his personality in the afore-mentioned interview with Irmeline Lebeer – the part containing his training and his youthful desires: 'I had two dreams: I would have liked to be a painter and sculptor and, at the very beginning, when I produced my first houses with Kroll, we did everything ourselves… I painted pictures in the hall, inspired by Vantongerloo and Mondrian. And then I would have liked to make films, but I've always been afraid of technology. I'm a great admirer of Godard. His intransigence. What I find expressed by Godard is a lack of communication, and in a way that moves me a great deal. I, too, want to make images, with people, to show things without having to express them. If circumstances had been different, I would have become a film-maker.' If the often modest and shy architect rarely utters much comment, this almost private information is doubly helpful and interesting for our research. It gives a glimpse of two possible openings for analysing this intrinsic relation to art, and more specifically that of the autonomy or heteronomy of the work of art. Charles Vandenhove has little time for the principle of Art for Art's sake, and he knows that since great art historians like Mircea Eliade and Erwin Panofsky have deciphered the hidden meaning of art, creation is stimulated by two different approaches to the image. What was valid for the great Christian subjects still endures today in accordance with distinct categories, while the religious aura has lost its haughtiness. If, since Jacques de Voragine, iconography

analyse rigoureuse en la plongeant dans le bain révélateur de sa création. Des codes liés à telle confrérie, des détails d'une cité ou d'une architecture, des couleurs dont les symboles donnaient des clés nouvelles pour analyser, dater, voire signer une œuvre dont l'auteur était tombé dans l'oubli... De ces deux approches que sont l'iconographie et l'iconologie, apparurent deux courants d'analyse picturale prônant pour certains l'autonomie de l'œuvre, résistant à toute forme d'interprétation puisqu'existant en soi, et l'hétéronomie, plus complexe et bien plus riche puisqu'elle ne peut être séparée de son contexte de création. C'est ce qu'en esthétique on nomme la poïétique, terminologie empruntée à la Grèce antique pour exprimer le *faire* de l'œuvre, la genèse de sa création.

Ce présent ouvrage consacré à Charles Vandenhove présente cinquante années de créations artistiques intimement associées d'abord à une commande, et ensuite à des architectures, privées ou publiques, d'ordre social – un palais de justice, un hôpital, une école – d'ordre culturel – un théâtre, un musée, ou d'ordre privé – un hôtel particulier rénové, une habitation personnelle. Et enfin et surtout à un profond respect pour les artistes, lien qui souvent s'est tissé en relation d'amitié très forte, on pense à Sol LeWitt, Hantaï, Giulio Paolini, Jeff Wall ou bien avant à Sam Francis...

Au-delà de cette relation parfois fusionnelle, la mise en avant de ces contingences imposées par les commanditaires n'est pas nouvelle, comme l'expliquait si pertinemment le sociologue Pierre Bourdieu dans *L'amour de l'art*. Mieux encore, elles peuvent donner une nouvelle grille de lecture de l'œuvre, *a priori* plus terre à terre mais qui n'enlève pourtant rien à la valeur esthétique de l'œuvre. Par exemple, avec *La flagellation du Christ*, Pierro della Francesca utilise les lois balbutiantes de la perspective pour dire aux regardeurs ce qui est le plus important dans son œuvre : le Christ entouré des soldats qui l'humilient est retranché au second plan, et par un savant jeu de colonnades et de découpes de lambris de marbre, trois personnages énigmatiques se retrouvent au premier plan, non pas venus de la Galilée, non pas vêtus à l'antique. Ils sont bien contemporains de la création de l'œuvre. Par la richesse de leurs habits, les étoffes frappées de bleu outremer et d'or, on peut en déduire qu'avec leur conversation qui ressemble fort à une tractation, il s'agit là du peintre entouré de deux notables, assurément le commanditaire et un homme de loi constatant que le contrat est établi en bonne et due forme... La peinture flamande regorge de constructions plastiques similaires. *Les époux Arnolfini* de Van Eyck énoncent le même jeu de mise en abyme avec le notaire représenté dans le miroir-sorcière de la chambre où ont décidé de poser en habits d'apparat les époux. Les détails – là d'une orange, ici d'un tapis turc, ou là encore d'une mule orientale – prouvent que dans cet appartement d'apparence austère, le monde entier a été réuni à travers ces symboles discrets du luxe de l'époque...

## LE LAMBRIS COMME UNE FENÊTRE OUVERTE SUR LE MONDE

Dans tous ces bâtiments où Charles Vandenhove a voulu faire entrer l'art, une raison d'être de chaque architecture définit d'emblée la fonction de l'art. Cette raison d'être énoncée dans le cahier des charges place le principe de l'hétéronomie au-devant de l'autonomie. Que ce soit par la fonction du lieu ou de l'espace en temps que tel, l'œuvre s'inscrit dans un cadre. Avec Charles Vandenhove, cela va encore beaucoup plus loin car c'est lui, et lui seul, qui définit ce cadre, au sens propre comme au sens figuré. En effet, un des élé-

was, for exegetes, an almost exact science, enabling an analysis of the image to be made just by way of official sources – the sacred texts, the Bible, the Apocryphal writings – iconology lent substance to this initial rigorous analysis by plunging it into the developing bath of its creation. Codes linked with such and such a confraternity, details of a city or architecture, colours whose symbols offered new keys for analysing, dating, and even signing a work whose author had been totally forgotten about... From these two approaches, iconography and iconology, there appeared two trends in pictorial analysis advocating for some the autonomy of the work, withstanding any form of interpretation because of their existence *per se*, and heteronomy, more complex and much richer because it cannot be separated from its creative context. This is what is called, in aesthetics, the poietic, a term borrowed from ancient Greece to describe the making of the work, the genesis of its creation.

This book, devoted to Charles Vandenhove, presents 50 years of artistic works closely bound up, in the first instance, with a commission, and then with social forms of architecture, be they private or public (law courts, a hospital), cultural forms (a theatre, a museum), and private forms (a renovated private house, a personal home). And lastly and above all, a profound respect for artists, a bond often turning into a very close friendship – one thinks of Sol LeWitt, Hantaï, Giulio Paolini, Jeff Wall and, much earlier on, Sam Francis...

Over and above this at times intense relation, the emphasis of these contingencies dictated by commission placers is not new, as was so aptly explained by the sociologist Pierre Bourdieu in *L'Amour de l'art*. Better still, they can provide a new grid for reading the work, a priori more down to earth, but which nevertheless removes none of the work's aesthetic value. For example, with the *Flagellation of Christ*, Piero della Francesca uses the embryonic laws of perspective to tell those viewing his work what the most important thing in it is: Christ surrounded by soldiers humiliating him is relegated to the background, and by means of a cunning interplay of colonnades and sections of marble panelling, three enigmatic figures are present in the foreground, not hailing from Galilee, and not clad in the ancient style. They are clearly contemporary with the creation of the painting. By the richness of their clothes, the gold and ultramarine fabrics, it can be deduced that with their conversation which closely resembles a negotiation, this is the painter flanked by two notables, undoubtedly the person placing the commission and a lawyer ensuring that the contract is being drawn up in the proper way... Flemish painting brims with similar visual constructions. Van Eyck's Arnolfinis pronounce the same endless duplication with the notary depicted in the mirror in the bedroom where the married couple have decided to pose in their wedding attire. The details – here an orange, there a Turkish rug, or there again an oriental mule – show in this apparently austere apartment that the whole world has been brought together through these discreet symbols of luxury of that period.

## PANELLING AS A WINDOW GIVING ONTO THE WORLD

In all these buildings where Charles Vandenhove has been keen to include art, a *raison d'être* for each architecture straightaway defines the function of art. This *raison d'être* set forth in the terms and conditions puts the principle of heteronomy ahead of autonomy. Be it through the function of the place or of space in time as such, the work is incorporated within a frame. With Charles

ments qui signent ses architectures depuis des décennies est le fameux lambris qui devient la mesure de tout. Le Corbusier avait inventé le Modulor, toise anthropomorphique qui allait dicter toutes les dimensions dans ses architectures, Charles Vandenhove impose le lambris qui devient l'élément de référence, l'empan dans et à travers lequel les artistes pourront évoluer et s'exprimer.

On sait que l'architecture forme une logique ingénieuse associant rêves et contraintes, utopies et réalités tant matérielles que sociologiques. À l'architecte de codifier ces éléments à la fois pour s'offrir, et offrir aux autres, le bonheur d'avoir tous les jours devant les yeux des œuvres d'art, tout en évitant que ces commandes deviennent par trop envahissantes, non maîtrisées dans l'enceinte du bâtiment construit. Ainsi l'architecte explique comment s'engage cette relation entre lui et les artistes : « Comme le dit Walter Benjamin : habiter, c'est laisser des traces. Et si on revient à mon travail avec les artistes, et que les premiers qui aient laissé des traces, ce soient les artistes – et des traces privilégiées puisque ce sont celles d'un dialogue entre l'architecte et le peintre – pour moi, c'est assez réconfortant. D'autant plus que c'est fait d'une manière discrète, banale, à la limite invisible ou en tout cas pas agressive… C'est cela qui est paradoxal dans mon travail avec les artistes : que ce soient des traces plus importantes que les miennes – non ? »

Charles Vandenhove a choisi pour les artistes le module d'un lambris d'un mètre de hauteur sur deux mètres de longueur comme autant de toiles vierges contenues dans un espace que l'artiste peut investir. Ce paramètre est assez proche des contraintes posées par les grands artistes de l'art minimal, Tony Smith, Donald Judd, Carl Andre et surtout Sol LeWitt. Ce mouvement radical apparu dans les nouvelles galeries de New York au début des années soixante, les *White cube,* reprend des concepts qui avaient été posés par les grands peintres du début de la Renaissance. On pense à certaines gravures de Dürer, des pages de carnets de Vinci ou des esquisses de Raphaël par exemple. Leurs recherches poussées en mathématique et leur maîtrise de la géométrie allaient générer les futures règles de la perspective en peinture, règles que les peintres du Quattrocento avaient déjà initiées. Les expérimentations des grands peintres du XVe siècle sont très proches des questions explorées par l'art minimal : la modularité, la sérialité, la combinatoire. Sol LeWitt ne revendique-t-il pas une reconnaissance passionnée pour les fresquistes de l'Italie renaissante, tout autant que pour les découvertes de la musique sérielle qui avant les arts plastiques avait déjà ouvert ces fenêtres de l'imaginaire et de la perception sur un monde infini ?

Charles Vandenhove offre ainsi aux artistes un cadre précis, où, selon ses dires, s'ils ne peuvent se mettre en évidence, ils peuvent aller partout. On pense à la déterritorialisation et la reterritorialisation de l'art, thèmes chers à Gilles Deleuze qui, dans son ouvrage *Mille Plateaux*, avait su, à travers l'image du rhizome, imposer cette structure combinatoire qui convient tant à l'architecture qu'aux œuvres d'art : « Mais, poursuit Vandenhove, comme s'il parlait du rhizome, c'est assez extraordinaire de courir indifféremment dans les dégagements publics et d'aller dans les chambres et dans tous les locaux. »

Ainsi, le lambris lui-même, d'ordre apparemment et traditionnellement lié à la décoration, voire à l'ornement désuet, devient source de création. À travers sa contrainte spécifique, sa dimension, sa place dans les parties inférieures d'un mur, d'une façade ou d'un dégagement, il devient aussi source de liberté puisqu'il a la possibi-

Vandenhove, this goes a lot further still, because it is he, and he alone, who defines this frame, both literally and figuratively. One of the elements that has been a signature feature of his architectural works for many decades is the famous panelling, which becomes the measure of everything. Le Corbusier invented the Modulor, that anthropomorphic gauge which would dictate all the dimensions in his architectural projects. Charles Vandenhove, for his part, imposes panelling, which becomes the reference element, the span within and through which artists can develop and express themselves.

We know that architecture forms an ingenious logic combining dreams and restrictions, utopias and realities, material and sociological alike. It is up to the architect to encode these elements both to offer himself, and others, the happiness of having works of art before their eyes, day after day, while at the same time avoiding being overtaken by these commissions, and stopping these commissions from becoming too invasive and uncontrolled within the confines of the building constructed. Architecture accordingly explains how this relation between himself and artists is undertaken: 'As Walter Benjamin says: inhabiting means leaving traces. And if we come back to my work with artists, and the fact that the first people to have left traces are artists… and special traces, because they are the traces of a dialogue between the architect and the painter… for me, this is quite comforting. All the more so because it is done in a discreet and ordinary way, on the invisible, or, in any event, non-aggressive borderline… This is what is paradoxical in my work with artists: that these traces are more important than my own… no?'

Charles Vandenhove has chosen for the artists the module of a unit of panelling one metre high and two long, like so many blank canvases contained within a space which the artist may occupy. This parameter is quite akin to the restrictions laid down by the great Minimalist artists, Tony Smith, Donald Judd, Carl Andre, and, above all, Sol LeWitt. This radical movement, which appeared in New York's new galleries in the early 1960s – the White Cubes –, borrows the concepts that had been set forth by the great painters of the early Renaissance. Certain engravings by Dürer come to mind, as do pages from Leonardo's notebooks, and sketches by Raphael, for example. Their advanced research in the field of mathematics, and their mastery of geometry would give rise to the future rules of perspective in painting, rules which 15th-century Italian painters had already ushered in. The experiments of the great painters of the 15th century are very closely related to the issues explored by Minimal art: modularity, seriality, and combinations. Does not Sol LeWitt lay claim to an enthusiastic acknowledgement of the fresco painters of Renaissance Italy? And does not the same apply to the discoveries made by serial music which, prior to the visual arts, had already opened up those windows of imagination and perception giving onto an infinite world?

Charles Vandenhove thus offers artists a precise frame where, according to him, they may not be able to claim the limelight, but they can nevertheless go anywhere. One thinks of the deterritorialization and reterritorialization of art, themes dear to Gilles Deleuze who, in his book *Mille Plateaux (A Thousand Plateaux)*, managed, by way of the image of the rhizome, to impose this combinational structure which suits both architecture and artworks: 'But,' Vandenhove continues, as if he were talking about the rhizome, 'it is quite extraordinary to hurry willy-nilly into public passages and go into bedrooms and all the premises.'

lité de se démultiplier à l'infini : « Ils (les artistes) suivent la trace des murs, poursuit l'architecte. Et ils s'interrompent uniquement à l'endroit des portes ! En fait, je partage pratiquement avec tous les artistes que j'invite la vision qu'ils ont de leur art – je vais à leur rencontre, en quelque sorte. Je prends Buren, je prends Sol LeWitt, je prends les autres car ce sont des artistes qui ne croient plus ou qui ne croient pas à l'autonomie de leur art. Ils n'y croient pas : leur discours est beaucoup plus généreux et beaucoup plus prospectif que ça. Ce n'est pas un discours qui affirme, mais qui recherche le dialogue, la communication, la prise de conscience. »

À travers cet ouvrage, le lecteur pourra juger sur pièce, se faire une idée de ce système de pensée certes radical, car réduit à une portion d'architecture, un lambris, mais extrêmement efficace et logique, d'où notre conviction du début de rattacher ces positions concrètes et infaillibles à celles tenues par Loos en son temps. Les propos de l'architecte peuvent paraître péremptoires – l'artiste prend ça ou rien –, ils sont davantage à comprendre tel le résultat de cinquante années d'expérience où il n'y a aucun dédain dans cette façon de placer l'œuvre dans ses architectures, mais au contraire, un grand respect. Ces réflexions sont davantage le fruit d'une maturation et surtout le désir de laisser les artistes hors de toutes les contingences techniques, administratives, bref inhérentes à l'identité de dualité quasi paradoxale de l'architecte. La mission est double puisqu'il s'agit de faire rêver comme Charles Vandenhove le dit si bien, mais aussi d'être responsable devant un commanditaire, face à un maître d'ouvrage et des bureaux de contrôle, à un budget qu'il ne doit pas dépasser, à toutes les contraintes techniques des matériaux qu'il faut maîtriser ou surpasser. Tout cela, l'architecte l'assume seul avec son équipe fidèle, sans entraîner les artistes dans ce tour de passe-passe de haute voltige dont les secrets ne concernent personne, sauf l'architecte qui préfère la discrétion à l'ostentation. Une fois de plus, on peut citer Picasso répondant à un critique trop loquace : « Défense de s'adresser au pilote ! »

## DE L'IMAGE-TEMPS À L'IMAGE-MOUVEMENT

Pour esquisser une conclusion à cet essai, qui lui-même est d'ailleurs aussi une commande totalement libre, seule la contingence du nombre de pages a été imposée par le maître – « environ une quinzaine de pages » – nous souhaitons revenir à nouveau sur le principe de ces lambris proposés par l'architecte aux artistes. Au-delà de leur aspect pour certains contraignant, pour d'autres réducteur s'ils doivent exprimer la part de l'art dans l'architecture, ils sont à notre avis la dernière clé symbolique permettant de saisir le sens secret de ces formes géométriques répétées, reprises dans pratiquement tous les ouvrages construits par Charles Vandenhove. Ils fonctionnent selon le principe du rhizome, cette forme de multiplication végétale bien plus riche de sens que les simples racines basiques d'une plante. Le rhizome fonctionne tel une sorte de pivot central dans l'ouvrage de Deleuze, *Mille plateaux*, devenant le point de fuite d'une philosophie nomadique : « Ne plantez jamais, prévient Deleuze, piquez ! Soyez des multiplicités ! Devenez rhizome et non racine. Ayez les idées justes, juste une idée (Jean-Luc Godard) ! » Ces injonctions deleuziennes qui transforment la philosophie en pure poésie permettent d'appréhender cette part nomadique de l'architecture qui se module à travers des éléments de constructions. Ces éléments se conjuguent, se combinent, comme autant de sculptures minimales de Sol LeWitt, comme la plupart des constructions de Charles Vandenhove. La poïétique de l'œuvre, la

So the panelling itself, apparently and traditionally linked with decoration, and even outmoded ornament, becomes a source of creation. Through its specific restriction, its dimension, its place in the lower areas of a wall, façade or passage, it thus becomes a source of freedom, for it has the possibility of increasing ad infinitum: 'They (artists) follow the trace of the walls,' the architect goes on. 'And they interrupt solely where the doors are! In fact, with practically all the artists I invite, I share the vision that they have of their art… I go towards them, in a way, to meet them. I take Buren, I take Sol LeWitt, and I take the others because they are all artists who no longer believe, or, more simply, don't believe in the autonomy of their art. They don't believe in it: their discourse is far more generous and much more forward-looking than that. It is not a discourse which affirms, but one which is seeking dialogue, communication, and awareness.'

Through this publication, readers will be able to judge for themselves, on the evidence, and get an idea about this system of thinking, which is undoubtedly radical, by being reduced to a portion of architecture, a piece of panelling, but extremely effective and logical, whence our initial conviction involving associating these concrete and infallible positions with those held by Loos in his time. The architect's observations may seem peremptory… the artist takes that or nothing; they are rather to be understood as the outcome of fifty years of experience, where there is nothing disdainful about this way of placing the work in his architectures, but on the contrary a great respect. These reflections are rather the fruit of a maturing process and above all the desire to leave artists outside all the technical and administrative contingencies, and, in a word, those inherent in the almost paradoxical identity of duality of the architect. The mission is twofold since it involves getting people to dream, as Charles Vandenhove puts it so well, but being responsible to a party placing a commission, faced with a contractor and inspection agencies, a budget which must not be exceeded, and all the technical restrictions to do with materials, which must be mastered or exceeded. The architect assumes all this on his own with his faithful team, without involving artists in this acrobatic magic trick, whose secrets have nothing to do with anyone, apart from the architect who prefers discretion to ostentation. Once again we can quote Picasso replying to an overly talkative critic: 'Don't talk to the pilot!'

## FROM TIME-IMAGE TO MOVEMENT-IMAGE

To sketch out a conclusion to this essay, which is itself, incidentally, a thoroughly free commission, for only the contingency of the number of pages has been imposed by the master – 'about fifteen pages' – we should like to return once more to the principle of these types of panelling proposed by the architect to the artists. Over and above their aspect, which is restrictive for some and simplistic for others, if they are to express the share of art in architecture, they are, in our view, the final symbolic key helping to grasp the secret meaning of these repeated geometric forms, used in virtually all the works constructed by Charles Vandenhove. They function in accordance with the principle of the rhizome, that particular form of plant propagation which is far richer in meanings than the simple, basic roots of a plant. The rhizome functions like a kind of central pivot in Deleuze's book *Mille Plateaux*, becoming the vanishing point of a nomadic philosophy: 'Never plant,' Deleuze warns, 'transplant! Be multiplicities! Become rhizomes, not roots. Have right ideas, just an idea (Jean-Luc Godard)!' These Deleuzian injunctions which turn philosophy into pure poetry help us to grasp this nomadic share of archi-

genèse d'un bâtiment de l'architecte liégeois sont toujours passion-
nantes à comprendre car le plus souvent, le sens du développement
de l'architecture n'est pas donné par le seul principe identifiable
d'une idée maîtresse. Il fait fi de l'image unique de la racine fondatrice qui érigerait l'idée d'une totalité et affirmerait logiquement
une forme finie de complétude figée et immuable. On assiste plutôt
à un enchaînement d'idées qui forment un solide maillage théorique et formel, qui entraîne d'autres évolutions, des extensions,
des modules décalés, bref, autant de rhizomes qui infléchissent
des propositions, parfois presque aléatoires comme dictées par des
contingences – sociales ou géographiques – des choses imprévues
transformées en opportunités, des programmes parfois trop complexes, rendus alors visibles par la combinatoire et la modularité.

En faisant allusion à Jean-Luc Godard, un des maîtres de l'architecte, et en se référant à la pensée de Deleuze, nous pouvions déjà saisir le sens de l'intransigeance chère à l'architecte à travers ce dialogue avec le visible où la création ne passe pas nécessairement par
les mots, par la médiation que constitue le langage. Mieux encore,
cette citation confirmerait non pas l'imperméabilité de l'art mais sa
possible incommunicabilité par le seul filtre du discours. Godard
interroge en effet la communication entre les êtres, entre le fait
social, politique ou amoureux, n'hésitant pas dans *Week-end*,
*Sauve qui peut (la vie)* ou *Alphaville* à rompre le fil conducteur
qu'est le film qui se déroule sous les yeux du spectateur par des
coupes, des plans de carton noir, comme autant de respirations, de
césures nécessaires face à la suffocation provoquée par le flux des
informations et des images. Tel un toilettage du regard, Godard
opposait au fil d'Ariane qu'est la bobine de film des cassures, des
coupures, des trous noirs, comme autant de signes lancés à l'in-
conscient du spectateur pour le réveiller, le faire réagir, quitte à
rendre le discours décousu : « Sois présent, ici et maintenant, ne te
laisse pas porter par le flot des informations qui se déverse en continu, reste vigilant, non pas passif mais actif face au devenir de
l'Histoire. Pour ce faire, sois l'acteur de ta vie et donc même de mes
films, fais ton histoire avec mes images… » tel pourrait être le sens
des messages des premiers films de Godard.

Beaucoup de critiques et d'historiens se sont plu à associer Jean-
Luc Godard et Daniel Buren, qui au même moment devenaient les
pères d'une nouvelle vague créative dans laquelle allaient se recon-
naître une voire deux générations d'artistes et d'intellectuels.
Longtemps, leur position extrême a été comprise comme une volonté farouche d'accomplir une mise à mort de l'art, digne des prophé-
ties nietzschéennes enfin accomplies. Mais si Godard ou Buren prô-
naient la mort du cinéma ou celle de la peinture, ni l'un ni l'autre
ne la souhaitaient définitive. Ils voulaient la mort d'un certain cinéma, d'une certaine peinture académique ne pouvant plus infléchir
le cours de l'histoire, être dans la vie, s'inscrire dans les politiques,
celle des êtres, du terrain social. Contrairement à la mort invoquée,
c'était davantage l'idée d'un toilettage du regard, non pas cosmé-
tique mais tel un ramonage éjectant toutes les scories d'une
époque bourgeoise. Ce principe qui violente l'esprit, ce ramonage
de cheminée était déjà prôné par Freud lorsqu'il définissait les premiers stades de l'analyse passant obligatoirement par une purge
difficile mais salvatrice des sédiments enfouissant pulsions ou
complexes. Enfin, de cette idée du toilettage du regard naît une
rigueur d'esprit implacable. Si l'on ne veut retenir qu'une image,
prenons celle de Buren faisant défiler dans Central Park à New York
des personnes brandissant des pancartes lors d'un défilé plus lié à
la chorégraphie anonyme qu'à une manifestation de grève syndica-
le : chaque manifestant hissait une affiche rayée de ses fameuses

tecture, which is modulated by means of construction elements.
These elements are conjugated and combined, like so many minimalist Sol LeWitt sculptures, like most of Charles Vandenhove's
constructions. The poetics of the work, and the genesis of a building designed by the architect from Liège, are invariably most excit-
ing to understand for, in most instances, the sense of the develop-
ment of the architecture is not provided just by the identifiable
principle of a key idea. He cocks a snook at the unique image of the
founding root erecting the idea of a totality, and logically asserting a
finished form of frozen, unchanging completeness. We are rather
witnessing a sequence of ideas forming a solid theoretical and formal grid, which entails other evolutions, extensions, and shifting
modules, in a word, so many rhizomes modifying propositions, at
times almost random, as if dictated by contingencies… social and
geographical, things unforeseen transformed into opportunities,
programmes that are sometimes too complex, then made visible by
combination and modularity alike.

By alluding to Jean-Luc Godard, one of the architect's masters, and
by referring to Deleuze's thinking, we can already grasp the sense of
intransigence dear to the architect through this dialogue with the
visible, where creation does not necessarily proceed by way of
words, or by way of the go-between represented by language. Better
still, this citation confirms not the impermeability of art but its possible incommunicability through the filter of discourse alone.
Godard actually questions the communication between beings,
between the social, political or amorous fact, never hesitating in
*Week-end, Sauve qui peut (la vie)* and *Alphaville* to break the main
thread, i.e. the film unfolding before the viewer's eyes cut by cut,
shots of black board, like so many breaths, necessary breaks faced
with the suffocation caused by the flow of information and images.
Like grooming the gaze, Godard contrasted the Ariadne's thread
which is the film reel with breaks, cuts, and black holes, like so
many signs tossed at the viewer's unconscious to awake him/her, to
get them to react, even if this means rendering the discourse dis-
jointed: 'Be present, here and now, don't let yourself be carried
away by the flow of information constantly pouring forth, stay alert,
not passive but active in front of the future developments of History.
To this end, be the actor in your life and therefore even in my films,
make your story with my images'… such could be the sense of the
messages of Godard's early films.

Many critics and historians have happily associated Jean-Luc
Godard and Daniel Buren, who, at the very same moment, became
the begetters of a creative new wave in which it would subsequently
be possible to identify one if not two generations of artists and intel-
lectuals. For a long time their extreme position was understood as a
fierce desire to put art to death, with themselves as executioners,
and the execution itself would be worthy of Nietzsche's prophecies
finally come home to roost. But if Godard and Buren advocated the
death of film and painting, neither one of them wanted the death to
be definitive – once and for all. They wanted the death of a certain
cinema, and a certain academic or official painting, no longer capa-
ble of influencing the course of history, being in life, getting
involved in politics, the history of others, and of the social terrain.
Unlike the death invoked, this was more the idea of gaze-grooming,
not cosmetically, but like a chimney-sweeping ejecting all the dross
of a bourgeois age. This principle which assaults the mind, this
chimney-sweeping was already advocated by Freud when he
defined the initial stages of analysis passing obligatorily through a
difficult but saving purge of the sediments burying drives and complexes. Lastly, this idea of gaze-grooming gives rise to a relentless

bandes de couleur. Il n'y a rien à dire, aucune revendication, aucun message, si ce n'est celui d'en exprimer l'idée, juste l'idée. Ces pancartes défilaient comme les plans fixes de Godard, sans sens apparent, mais profondément ancrés dans une réalité tant sociale qu'esthétique. Si nous avons choisi ces deux créateurs qu'aime tant Vandenhove et ces deux exemples précis, un défilé improbable et des plans monochromes insérés dans un long métrage, c'est qu'ils participent ensemble à cette distinction d'un art qui passe de l'image fixe à l'image en mouvement.

Cette définition qui sépare le statique du mobile en art trouve ses sources dans l'Antiquité. Déjà Philostrate décrivait dans *Une galerie de tableaux* une villa romaine où les panneaux intégrés dans l'architecture racontaient une histoire de deux manières ingénieuses : chaque élément de l'histoire était concentré dans une scène précise, peinte à même les murs réservés à cet effet, et au visiteur, dans sa déambulation, de faire vivre ces saynètes, de les lier par sa marche et son imaginaire, de les mettre en abyme l'une après l'autre. Le sens du parcours imposait une lecture donc une progression narrative. Cette logique fut reprise au temps des cathédrales avec les fameuses quatorze stations du Christ décrivant dans les galeries des déambulatoires toutes les étapes de la mise à mort du fils de Dieu. Là encore, par leur marche, les fidèles actionnaient le sens de l'histoire...

## LE CINÉMATOGRAPHE INTÉRIEUR

Si Charles Vandenhove avoue ce rêve d'être cinéaste, il ne le vit pas en position de retrait ou de frustration. Il accomplit inconsciemment cette passion tout comme Gilles Deuleuze exprima cette même obsession pour l'image en mouvement à travers deux livres distincts, *L'image temps* et *L'image mouvement*, comme si en effet, il fallait impérativement séparer ces deux notions inhérentes au film : celle de son rapport à la durée, à la temporalité et celle qui nous intéresse ici, liée au mouvement. Les concepts développés dans ces deux formidables ouvrages posaient des questions qui dépassent bien sûr le champ de la salle obscure. De l'image en mouvement, Deleuze reprenait la philosophie de Bergson, avec l'idée d'un cinématographe intérieur à l'image des lanternes magiques qui fascinaient tant le petit Marcel au début de sa *Recherche du temps perdu*, et bien au-delà de cette belle référence littéraire : « Nous prenons des vues quasi instantanées sur la réalité qui passe, et, comme elles sont caractéristiques de cette réalité, il nous suffit de les enfiler le long d'un avenir abstrait, uniforme, invisible, situé au fond de l'appareil de la connaissance, explique Bergson dans *l'évolution créatrice*. (...) Qu'il s'agisse de penser le devenir, ou de l'exprimer, ou même de le percevoir, nous ne faisons guère autre chose qu'actionner une espèce de cinématographe intérieur. »

Comment associer cette superbe citation à l'œuvre spécifique de Charles Vandenhove, si ce n'est par l'image du mouvement que les lambris vont faire défiler comme autant de plans fixes animés par la seule architecture du lieu. Trois courtes citations puisées dans l'ouvrage de Deleuze peuvent conforter nos dires : « L'unité du plan est faite ici de la liaison directe entre les éléments pris dans la multiplicité des plans superposés qui cessent d'être isolables : c'est le rapport des parties proches et lointaines qui fait l'unité. » Ou « C'est le mouvement qui exprime un tout dans un film ou dans une œuvre ; la correspondance entre les deux, la manière dont ils se font écho, dont ils passent l'un dans l'autre. (...) Et le mouvement, c'est le

mental rigour. If we want to retain just a single image, let us take the one of Buren getting people to march through Central Park in New York brandishing placards during a march more associated with anonymous choreography than with any trade union strike demonstration: each marcher bore aloft a poster covered with his famous coloured stripes. There was nothing to say, no claim to be made, no message to be got across, unless it were that of expressing the idea – just the idea. Those placards processed past like Godard's still shots, without any apparent sense, but deeply anchored in a reality that was as social as it was aesthetic. If we have chosen these two artists, of whom Vandenhove is so fond, and these two precise examples – an unlikely march and monochrome shots introduced into a full-length feature film – it is because they are together part of this distinctiveness of an art that passes from the fixed image to the image in motion.

This definition which separates the static from the movable in art finds its sources in Antiquity. At a very early stage, Philostratus described 'a picture gallery', a Roman villa where the panels incorporated within the architecture recounted one tale in two ingenious ways: each element of the tale was concentrated in a precise scene painted on the very walls earmarked to this end, and it was up to visitors as they strolled about to bring these instalment-like 'playlets' to life, linking them together through their walk and their imagination, and making an endless duplication – *mise en abyme* – of them, one after the other. The sense of the itinerary dictated a reading and thus a narrative progression. This logic was taken up in the age of cathedrals with the famous fourteen stations of Christ describing in the galleries of the ambulatories all the phases involved in putting the son of God to death. Here again, by their walk, the faithful triggered the sense of the tale...

## THE INNER CINEMATOGRAPH

If Charles Vandenhove admits to this dream of being a film-maker, he does not live it in a position of withdrawal or frustration. He unwittingly fulfils this passion just the way Gilles Deleuze expressed this same obsession with the image in motion in two quite different books, *L'Image temps* and *l'Image movement* (*Time Image* and *Movement Image*) as if it were in fact imperative to separate these two notions inherent to film: its relation to the duration, to the time frame, and the one which concerns us here, linked with movement. The concepts developed in these two formidable works raised questions which, needless to say, go beyond the field of the darkened auditorium. For the image in motion, Deleuze borrowed the philosophy of Bergson, with the idea of an inner cinematograph – the image of magic lanterns which so fascinated the young Marcel at the beginning of his *Recherche du temps perdu*, and well beyond that fine literary reference: 'We take photos that are almost snapshots of passing reality and, as they are typical of this reality, it is enough for us to thread them along an abstract, uniform, invisible future, situated in the depths of the apparatus of knowledge, explains Bergson in his *Creative Evolution* (...) Whether it is a matter of conceiving of the future, or expressing it, or even perceiving it, we hardly do anything other than trigger a kind of inner cinematograph.'

How is this superb quotation to be associated with the specific work of Charles Vandenhove, if not by way of the image of movement which panelling will get to scroll past like so many still shots informed by just the architecture of the place. Three short quotations taken from Deleuze's book may underpin what we are trying

plan, l'intermédiaire concret entre un tout qui a des changements et un ensemble qui a des parties, et qui ne cesse de convertir l'un dans l'autre suivant ses deux faces. » Et enfin, « Le plan, c'est l'image-mouvement, en tant qu'il rapporte le mouvement à un tout qui change, c'est la coupe mobile d'une durée. » Ces passages ciselés et brillants s'appliquent à merveille aux principes dictés par l'architecture selon Charles Vandenhove. Le plan de Deleuze est à remplacer par le lambris de Vandenhove, la coupe cinématographique par le cadrage qui sépare les séquences autant qu'il les superpose, les emboîte pour que l'un après l'autre, autonomes, tels des plans fixes, ils s'animent, hétéronomes, par la déambulation des passants ou des habitants, et deviennent caméra cérébrale. Des plans fixes mus par l'imaginaire et la perception rétinienne chère à Merleau-Ponty.

Les œuvres picturales de Marlène Dumas sont des applications directes des principes de l'image-mouvement, où chaque visage s'anime par sa force intrinsèque et sa connexion spatio-temporelle avec le suivant. Même remarque avec les jambes peintes au pas de course par Jean-Charles Blais dans l'université de Liège. Les suites de photographies de Jeff Wall dans le palais de justice de 's-Hertogenbosch font ici de l'artiste canadien le plus grand cinéaste du muet et de l'immobilité apparente. Le temps y est suspendu, condensé par le cadrage de l'architecture, prêt à s'animer à nouveau par la marche du spectateur. Jacques Charlier a compris cette même logique avec cette succession de petites formes figuratives qui gagnent tout l'espace, se déploient, courent sur les murs. À ces créations figuratives se conjuguent des œuvres plus abstraites qui fonctionnent de façon similaire : en mouvement. Les formes identifiables d'un Viallat, de Léon Wuidar, d'André Romus ou de Jo Delahaut sont autant de pictogrammes qui s'animent par la succession de lambris défilant au fil des couloirs des étages. Même remarque avec les demi-cercles de Sol LeWitt dans la crèche de la Maison heureuse à Liège, avec les chorégraphies immobiles de Ludger Gerdes ou les tableaux vides de Giulio Paolini pour le palais de justice.

Les lambris deviennent des plans en mouvement, voire des travellings quand l'architecte invente encore un autre système de mise en action de l'image-mouvement : on pense pour achever ce texte à une des plus belles commandes faites à un artiste, le double escalator que Niele Toroni, l'un des meilleurs peintres de son temps, a réalisé pour la galerie de la Toison d'or. Cette œuvre ne peut se voir, se contempler que par l'actionnement du mouvement physique et mental, phénoménologique et virtuel. L'escalator implique le spectateur dans une chorégraphie silencieuse lui permettant de devenir lui-même le chef opérateur d'un travelling imaginaire et pourtant bien réel…

## UN MAÇON QUI A APPRIS LE LATIN

Charles Vandenhove a accompli une mission où chaque artiste a pu créer des œuvres qui vivent par et pour un lieu précis. Et à l'architecte de contempler, non pas de sa tour d'ivoire mais de son temps écoulé dans une œuvre prolixe, son rêve de jeunesse, celui consistant à lier ses deux passions, peinture et cinéma, par son talent d'architecte, par son ambition et sa modestie, son professionnalisme et son intransigeance, faisant de lui un bâtisseur-missionnaire pour l'amour de l'art. Si le choix du terme missionnaire peut étonner, il faut alors l'associer une dernière fois à Adolf Loos. L'architecte italien Aldo Rossi rendant hommage à Loos avait retenu

to say: 'The unity of the shot is here made by the direct link between the elements taken in the multiplicity of the overlaid shots which stop being isolatable: it is the relation of parts near and far which makes the unity.' And: 'It is movement which expresses a whole in a film or in a work; the linkage between the two, the way they echo each other, the way they pass one into the other, (…) And movement is the shot, the concrete intermediary between a whole which has changes and an ensemble which has parts, and which is forever converting one to the other depending on its two sides.' And lastly: 'The shot is the movement-image, in so much as it conveys movement to a whole which changes, this is the movable cut of a period of time.' These honed and dazzling excerpts can be applied in wonderful ways to the principles dictated by architecture according to Charles Vandenhove. Deleuze's shot is to be replaced by Vandenhove's panelling, the film cut by the framing that separates the sequences as much as it overlays them, and dovetails them, so that each autonomous one, like still shots, is animated, heteronomously, by the strolling of passers-by and inhabitants, and becomes a cerebral camera. Still shots informed by imagination and retinal perception dear to Merleau-Ponty.

The pictorial works of Marlène Dumas are direct applications of the principles of the movement-image, where each face is enlivened by its intrinsic strength and its space-time connection with the next one. The same observation applies to the running legs painted by Jean-Charles Blais at Liège University. The sequences of photographs by Jeff Wall in the Hertogenbosch Law Courts here turn the Canadian artist into the greatest film-maker of silence and apparent immobility. In them time is suspended, condensed by the framing of the architecture, ready to be once more animated by the spectator's walk. Jacques Charlier has understood this same logic with this succession of small figurative forms which fill the entire space, unfurl, and run across the walls. These figurative creations go hand in hand with the more abstract works which function in a similar way: in motion. The identifiable forms of artists like Viallat, Léon Wuidar, André Romus and Jo Delahat are so many pictograms along the corridors of the various floors. The same goes for Sol LeWitt's semicircles in the day nursery of the Maison Heureuse in Liège, and for the motionless choreographies of Ludger Gerdes and the empty pictures of Giulio Paolini for the Law Courts.

The panelling becomes shots in motion, or even tracking shots when the architect invents yet another system for activating the movement-image: to wind up this essay my thoughts stray to one of the loveliest commissions placed with an artist, the double escalator which Niele Toroni – one of the best painters of his day – has produced for the Golden Fleece Gallery. This work can only be seen and contemplated by triggering the physical and mental movement, which is both phenomenological and virtual. The escalator involves onlookers in a silent choreography enabling them to become the cameraman for an imaginary and yet thoroughly real tracking shot.

## A MASON WHO LEARNT LATIN

Charles Vandenhove has fulfilled a mission in which each artist has managed to create works which live through and for a precise place. And it is up to the architect to contemplate, not from his ivory tower but from his time spent in a prolix œuvre, his youthful dream, consisting in linking his two passions, painting and film, by his talent as an architect, by his ambition and modesty alike, his professionalism and his intransigence, making him a missionary builder working

nu une belle citation de l'architecte qui s'applique une fois de plus à Charles Vandenhove : « Il (Loos) écrira que "L'architecte est un maçon qui a étudié le latin" : je me rappelle Ernesto N. Rogers prétendant que c'était la plus belle définition de l'architecte, et je le crois volontiers. L'émotion de Loos pour l'architecture se manifesta toujours et uniquement devant la maestria de la construction, la grande architecture romaine, Fischer von Erlach, l'art de bâtir au XVIIIᵉ siècle mais en même temps devant les maîtres qui ont dépassé la construction même et demeurent dans l'histoire de la civilisation comme des points de référence. Ainsi, dans l'œuvre de Baudelaire, la connexion avec la vie est marquée par des références fixes, celles qui, justement, permettent de comprendre les changements de la vie elle-même, de même que la permanence des phares permet la mobilité de la navigation. Le maçon qui a étudié le latin rappelle Palladio qui ne termine pas ses dessins pour traduire les textes classiques, Léonard de Vinci et Pétrarque qui, déjà bien âgés, étudient le grec pour mieux comprendre l'Antiquité. »

Entre le bâtisseur-missionnaire et l'architecte, simple maçon ayant appris le latin, la boucle est bouclée, et le montage de ce texte réalisé comme un court-métrage fait de séquences mises bout à bout donnera, souhaitons-le, des pistes pour de futurs exégètes qui voudront se pencher sur l'œuvre de Charles Vandenhove, et sa relation unique qu'il a su tisser entre l'art et l'architecture. Laissons le mot de la fin à Burkhardt Rukschcio qui, pour un texte consacré aux travaux d'urbanisme de Loos à Vienne, écrivait : « Dans l'art de manier l'espace tout dépend beaucoup plus des rapports de réciprocité que de l'absolue dimension. » Ce principe de Camillo Sitte est présent chez Loos dans son architecture, mais on le retrouve aussi ailleurs. Il est le fil conducteur du plan régulateur de la ville, conçu avec le fanatisme du missionnaire. Seul un architecte aussi fanatique qu'un missionnaire peut dépenser autant de temps et d'énergie à faire des projets totalement irréels et ainsi s'engager dans la voie du changement. »

Charles Vandenhove, quant à lui, est dans une réalité implacable faite de strates de souvenirs jamais nostalgiques, de correspondances avec ses artistes amis, de ses constructions qui se succèdent les unes après les autres, et enfin d'une collection personnelle d'œuvres d'art qui, après avoir été rangée dans des réserves, va voir le jour à Liège. Cette collection donne « l'absolue dimension » de son travail et ce « rapport de réciprocité » qui plaît tant à l'architecte, rapport privilégié qu'on nommera alors l'amour de l'art.

for the love of art. The choice of the term 'missionary' may be surprising, but it must be associated one last time with Adolf Loos. The Italian architect Aldo Rossi, paying tribute to Loos, used a fine quotation by the architect which can be applied once again to Charles Vandenhove: 'He (Loos) would write that "...the architect is a mason who has studied Latin": I recall Ernesto N. Rogers claiming that this was the most beautiful definition of the architect, and I believe him readily. Loos's feeling for architecture always and exclusively showed itself before the *maestria* of the construction, the great architecture of Rome, Fischer von Erlach, the art of building in the 18th century, but at the same time before those masters who have gone beyond the construction itself and remain in the history of civilization as points of reference. So in Baudelaire's oeuvre, the connection with life is marked by set references, those which, it just so happens, help to understand the changes in life itself, just as the permanence of lighthouses permits navigational mobility. The mason who has studied Latin calls to mind Palladio, who did not finish his drawings by translating classical texts, Leonardo da Vinci and Petrarch who, at quite an advanced age, studied Greek, the better to comprehend Antiquity.'

Between the missionary builder and the architect, a simple mason who has learnt Latin, the loop comes full circle, and the editing of this text produced like a short film made up of end-to-end sequences will, let us hope, offer avenues for future exegetes keen to look into Charles Vandenhove's oeuvre, and the unique relation which he managed to weave between art and architecture. Let us give Burkhardt Rukschcio the final word, who, for a text devoted to Loos's urbanistic works in Vienna, wrote: 'In the art of handling space, everything depends much more on relations of reciprocity than of absolute dimension'. This principle of Camillo Sitte is present with Loos in his architecture, but it also crops up elsewhere. It is the main thread of the adjusted city plan, designed with the fanaticism of the missionary. Only an architect as fanatical as a missionary can spend so much time and energy producing totally unreal projects, and thus become involved in the path of change.

Charles Vandenhove, for his part, is in a relentless reality made up of layers of never nostalgic memories, links with his artist friends, constructions which follow on one after the other, and lastly a personal collection of artworks which, having been stored away in stacks, will see the light of day in Liège. This collection gives 'the absolute dimension' of his work and this 'relation of reciprocity' of which the architect is so fond – a special relation that we may thus call: Love of art.

**Hôtel particulier Bonne Fortune**
Patrick Corillon (*motifs sablés / sand-blasted motifs*), Daniel Buren (*boîtes lumineuses / light boxes*)
**Bonne Fortune private house**

Aménagement de la chapelle du Comte de Liedekerke à Modave, 1955
*Charles Vandenhove, Lucien Kroll, Jean Baudry, Dom Grégoire Wathelet*
Refurbishment of the Comte de Liedekerke's chapel at Modave, 1955

Maison Servais-Spitz-Lahaye à Hasselt, 1955
*Charles Vandenhove, Lucien Kroll*
Servais-Spitz-Lahaye house at Hasselt, 1955

Colonne en acier inoxydable, Foire internationale de Liège, 1955, disparue
*Lucien Kroll, Charles Vandenhove*
Stainless steel column, Liège International Fair, 1955, whereabouts unknown

Belvédère du barrage d'Eupen, 1956
*Charles Vandenhove, Lucien Kroll, Roger Bastin*
Panoramic viewpoint at the Eupen Dam, 1956

Triennale internationale de Milan, 1957 *Charles Vandenhove, Lucien Kroll, Kessel* Milan International Triennale, 1957

Exposition esthétique industrielle, Liège,
Max Bill invité, 1956
*Lucien Kroll, Charles Vandenhove*
Exposition of industrial design, Liège
Max Bill, guest, 1956

Centre de radiographie, Le Betatron, Université de Liège, 1958
*Kessel (œuvre disparue/whereabouts of work unknown)*
The Betatron X-Ray centre, Liège University, 1958

Hall d'entrée, œuvre disparue  *Luis Feito*  Entrance Hall, whereabouts of work unknown

Vue extérieure de la Résidence Brull depuis les bords de Meuse   >
Outside view of the Brull Residence from the banks of the river Meuse

CENTRE HOSPITALIER UNIVERISTAIRE DE LIÈGE (CHU) AU SART TILMAN, 1962–1987
*Jean-Charles Blais, Daniel Buren, Jacques Charlier, Olivier Debré, Jo Delahaut, Sol LeWitt,*
*André Romus, Niele Toroni, Claude Viallat, Marthe Wéry, Léon Wuidar*
LIÈGE UNIVERSITY HOSPITAL CENTRE (CHU) IN SART TILMAN, 1962–1987

Entrée du CHU. La grande verrière ainsi que le hall d'entrée sont classés monuments historiques
Entrance to the CHU. The large glass roof and the entrance hall are listed as historic monuments

Charles Vandenhove is een architect, een architect die zichzelf als kunstenaar beschouwt en die zich liever ophoudt met kunstenaars dan met confraters. Zijn ambitie is gebouwen te ontwerpen die zingen als de kolommen van Valéry. Het is niet verwonderlijk dat een architect zich kunstenaar noemt: velen deden het hem voor. Zelfs Le Corbusier, met al zijn modernisme en functionalisme, kon geen betere definitie bedenken voor architectuur dan 'het wijze, juiste en wonderlijke spel van volumes in het licht'.

GEERT BEKAERT

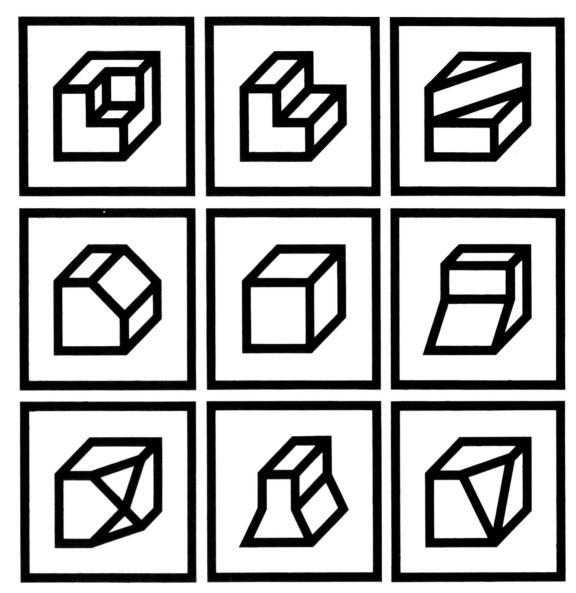

Dessins pour l'exécution des lambris *Sol LeWitt* Drawings for the panelling

OCT 10 1984

DEAR CHARLES.

THE DRAWINGS CAN BE VERY WELL DONE
IN LIÈGE. I AM SENDING YOU ~~ARE~~
A LARGE NUMBER. YOU CAN CHOOSE
THE ONES YOU WANT TO USE. THE
INSIDE LINES ARE NOT USED (◻THIS
◻NOT THIS) ALL THE DIVISIONS ARE
BASED ON A CUBE, AND MADE IN
~~HAVL~~ HALVES AND QUARTERS (NOT
THIRDS.).

THEY ARE IN NO SPECIAL ORDER.
WE CAN CHOOSE LATER HOW THE
SEQUENCE WILL BE

< Dessins originaux *Sol LeWitt* Original drawings

43

Dégagement avec lambris *Sol LeWitt* Open space with panelling

Escalators d'accès vers les polycliniques *Niele Toroni* Access escalators to the polyclinics

∧ **Lambris** *Léon Wuidar* **Panelling** ∨ **Lambris** *Jo Delahaut* **Panelling**

Lambris *Olivier Debré* **Panelling**

**Lambris** *Jean-Charles Blais* **Panelling**

*Architectuur is gemaakt om achtergrond te worden en plaats te maken voor het leven. Het is altijd zo dat het leven zich inschrijft en krast, en wat nieuw is oud maakt.*
BART VERSCHAFFEL

∧ **Lambris** *Claude Viallat* **Panelling**   ∨ **Lambris** *Marthe Wéry* **Panelling**

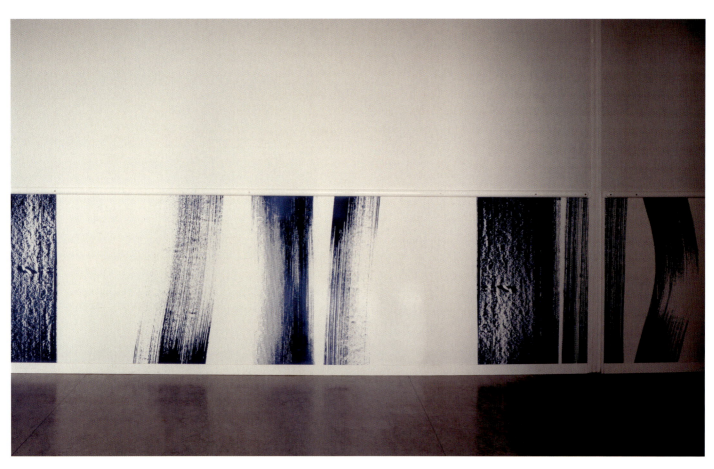

∧ Lambris *André Romus* Panelling   ∨ Lambris *Jacques Charlier* Panelling

Lambris *Daniel Buren* **Panelling**

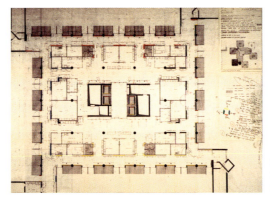

**Plan d'une unité de soin du CHU**
*Daniel Buren (projet/project)*
**Plan for a CHU care unit**

MAISON WUIDAR (EXTENSION), ESNEUX, 1993–1996
*Léon Wuidar*

Motifs sablés >
*Léon Wuidar*
Sand-blasted motifs

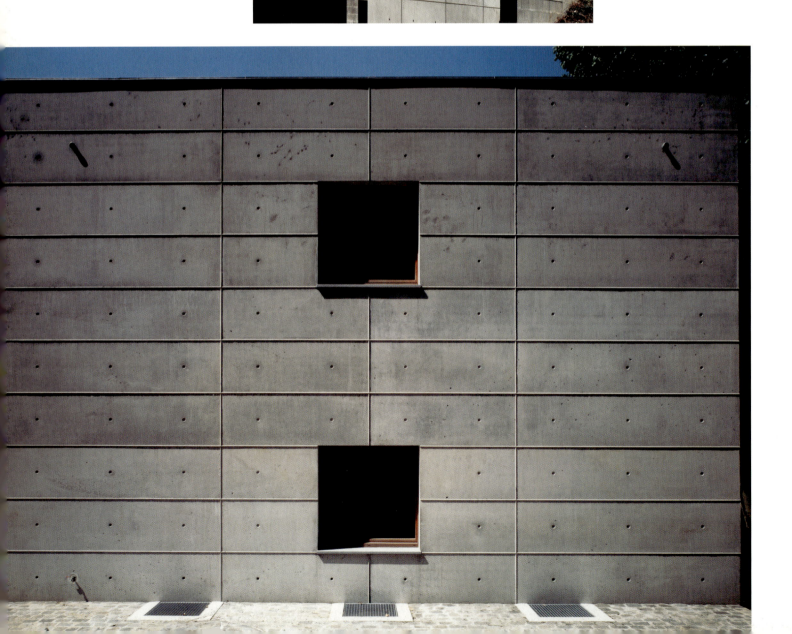

**Tikal, in situ** *Charles Vandenhove (photo)*

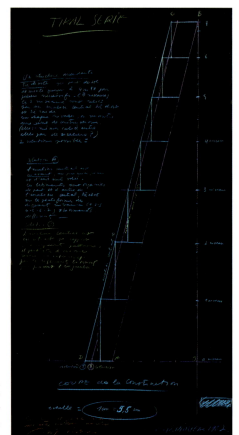

Dessin de la stèle inspirée de la pyramide de Tikal.
Études préparatoires au crayon coloré sur papier noir
*Anne & Patrick Poirier*
Drawing of the stele inspired by the Tikal pyramid.
Preliminary crayon studies on black paper.

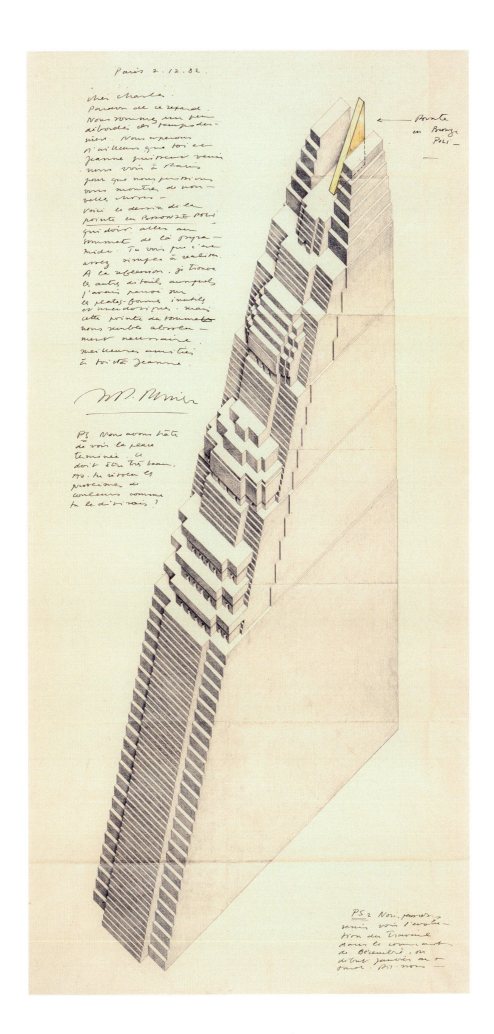

55

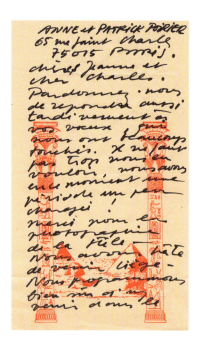

Courrier et esquisses préparatoires pour la stèle | Correspondence and preliminary sketches for the stele

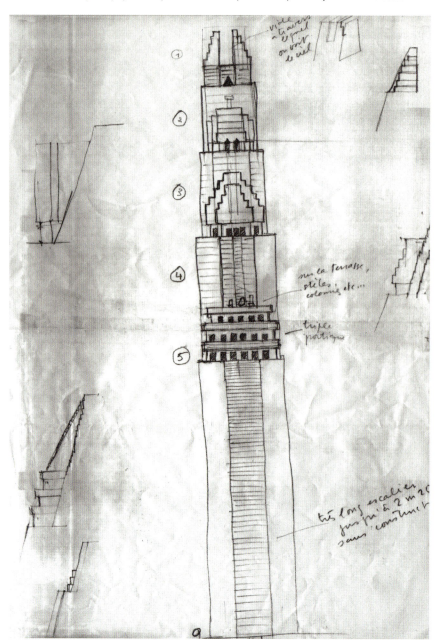

Lumineuse, encadrée d'immeubles bas, cette place ménage quand même quelques surprises, des finesses d'organisation. À chaque bout, une maisonnette, édicule massif, monte la garde. L'une affecte la forme d'un temple grec avec cinq colonnes, un rez-de-chaussée en retrait, et un grand oculus rond percé dans le tympan gréco-belge : fronton classique, en brique, d'un rouge veineux, dont l'acrotère s'égaye curieusement d'un pas-de-moineau à la façon des anciennes architectures flamandes. L'autre maison, en deux étages solidement charpentés de pilastres plats, s'appuie sur une terrasse perchée que dessert un escalier à deux volées. Toutes deux ferment la place discrètement, la stabilisent, lui confèrent une échelle modeste, sans tout à fait masquer que cet entre-deux rues se poursuit plus loin, dans un désordre ordinaire de fond d'îlot : bâtisses lézardées, mansardes tristes, lieux étroits, confusion de murs encrassés, souches de cheminées, pans de bois, paysage familier des vieilles villes européennes que dominent ici les deux tours de l'église Saint-Barthélemy. Le pauvre passé est là, rassurant à certains égards, entourant chaudement le quartier restauré sans y déferler, gentiment tenu à distance. Cette place est un lieu de silence, assez spacieux, où quelques bons bancs de pierre invitent au repos. Une fontaine, vasque profonde comme celle d'une cour vénitienne, émet quatre filets d'eau dont le gargouillis étouffe les bruits de la rue et ceux des pas sur le sol pavé ; l'eau s'en écoule dans une simple rigole jusqu'à un monument d'Anne et Patrick Poirier dédié au temple maya de Tikal. À gauche et à droite, des passages mènent aux deux rues. L'un est étroit, avec des colonnes de pierre et de drôles de chapiteaux vaguement ioniques ; l'autre est plus large, encombré d'une généreuse forêt de bas piliers en béton, épais et ronds, serrés et parfaitement superfétatoires. On s'y sent littéralement passer.

FRANÇOIS CHASLIN

Porche d'entrée de la place de Tikal | Place de Tikal entrance porch

Détail de la stèle, le jour, la nuit  |  Detail of the stele, by day and by night

Sculpture « La Victoire de Villetaneuse » dans le jardin  *César Baldaccini*  'La Victoire de Villetaneuse' sculpture in the garden

Porche de l'Hôtel Torrentius, voûte avec sérigraphie sur tôle vitrifiée  *Daniel Buren*  Porch of the Hôtel Torrentius, vault with silkscreen on vitrified sheet metal

Het licht speelt hier klaarblijke-
lijk een actieve rol. Dankzij het
licht is het kunstwerk bezwaar-
lijk passief te aanschouwen. Het
zet aan tot het spel en tot een
ruimtelijke wandeling doorheen
het huis. We kunnen het licht
aanvoelen als een abstracte weer-
gave van het landschap dat ge-
vormd wordt door dit huis en deze
tuin in de stad.
GEERT BEKAERT

Grand salon du rez-de-chaussée, vestiges
de peintures murales de Lambert Lombard
restaurées en 1980
Olivier Debré
(plafond, lambris / ceiling and wall painting)
Large ground floor reception room, traces of
wall paintings by Lambert Lombard, restored
in 1980

Orgue positif *Charles Vandenhove* Positive organ    Peinture *Giulio Paolini* Painting

**Salle de séjour** *Daniel Buren (plafond/ceiling), Patrick Corillon (table), Simon Hantaï, Antoni Tapiès, Cy Twombly* **Reception room**

Dessins *Olivier Debré* Drawings

Aménagement du vestibule, plafond *Sam Francis* Refurbishment of the entrance hall, ceiling

Pavement en marbre blanc et noir *Sol LeWitt* Black and white marble floor

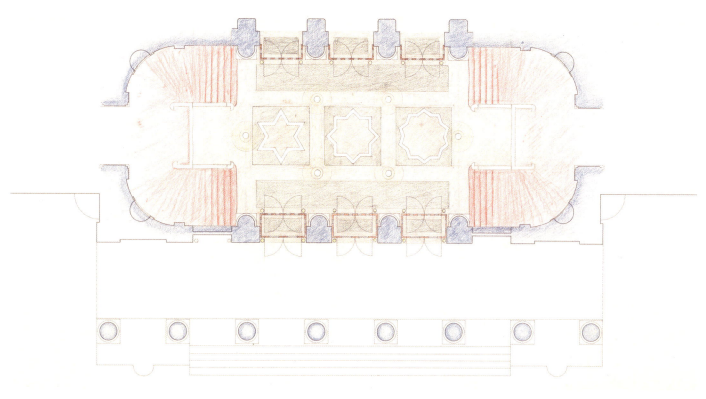

Projets pour le vestibule. Propositions non retenues *Sol LeWitt* Projects for the hall. Proposals not accepted

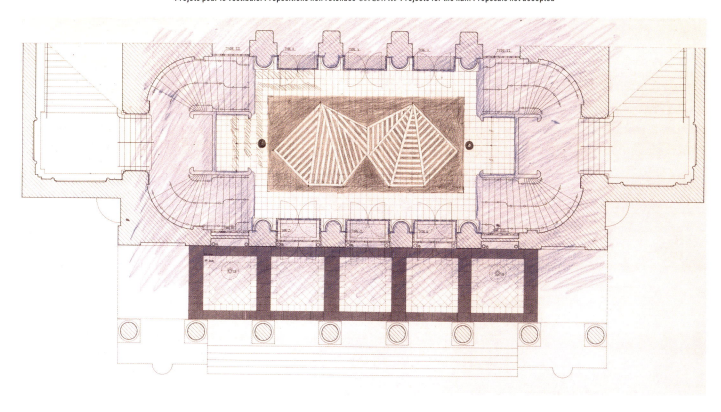

**Salon royal** *Daniel Buren, Giulio Paolini, Charles Vandenhove*

*De architect, opdrachtgever en verzamelaar Vandenhove wordt nu bovendien zelf 'decorateur' en zelfs 'ornamentontwerper'. Het resultaat is een magnifieke 'nutteloze' kunstruimte en doet denken aan de traditie van het kunstkabinet zoals die van El Lissitzky, Marcel Broodthaers, Gerhard Richter of Paul Robbrecht.*
CHRIS DERCON

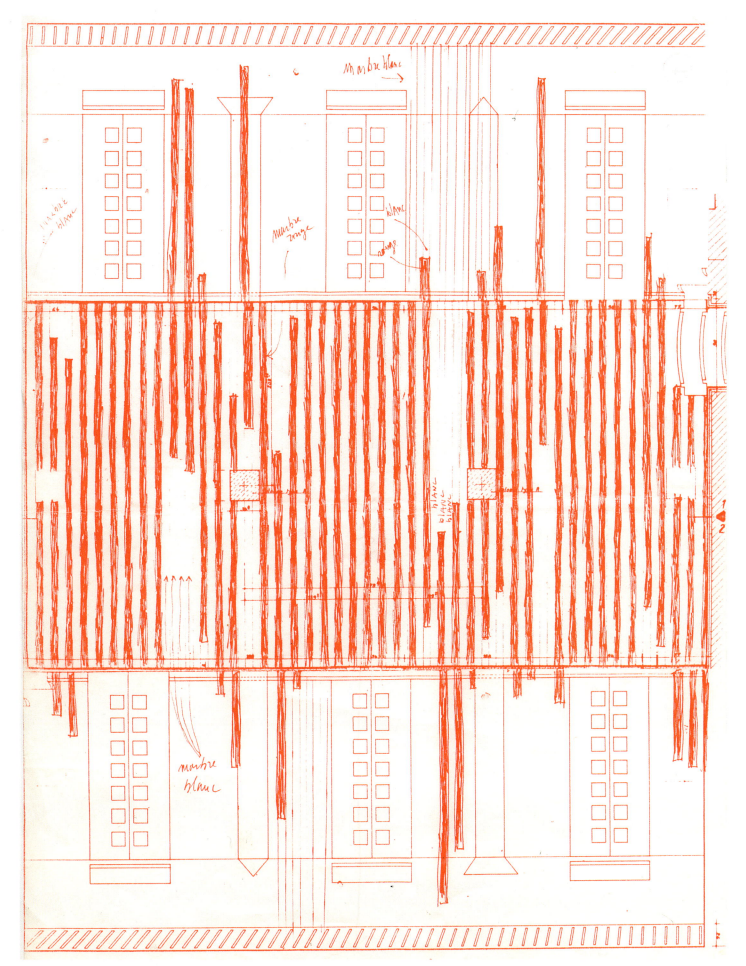

Dessin original pour le Salon royal  *Daniel Buren*  Original drawing for the Salon royal

MUSÉE MIDDELHEIM À ANVERS, PAVILLON EN PIERRE CALCAIRE, 1984–1992
*Charles Vandenhove*
MIDDELHEIM MUSEUM IN ANTWERP, PAVILION MADE OF LIMESTONE, 1984–1992

**Lambris** *Jean-Charles Blais* **Panelling**

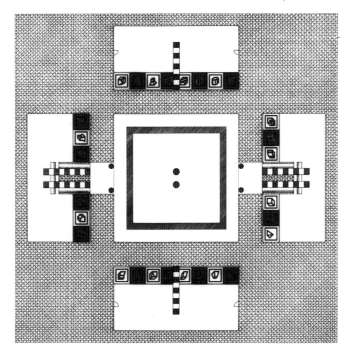

80

82

Loos ijvert echter voor een duidelijk onderscheid tussen drager en
kleding: de bekleding moet, volgens hem, zich duidelijk laten zien
als bekleding. Tegelijkertijd moet
ze zich tot haar essentie laten her-
leiden, een proces dat uiteindelijk
uitloopt op het witwassen van de
muur. De witte verflaag is zo de
extreme reductie – en een modieuze
versie – van het wandtapijt.
CHRIS DERCON

**Projet pour le pignon du théâtre, « mots » peints sur enduit extérieur**  *Robert Barry*  **Project for the gable of the theatre, 'words' painted on outer rendering**

Peintures des loges de la salle de théâtre *Olivier Debré* Paintings in the theatre boxes

Garde corps en verre sablé *Robert Barry* Sand-blasted glass railings

∧ Charles Vandenhove en compagnie de Olivier Debré | Charles Vandenhove with Olivier Debré

∧ École de danse, dégagement avec lambris  *Patrick Corillon*  Dance School, open space with panelling
∨ Foyer du théâtre avec lambris  *Loïc Le Groumellec*  Theatre foyer with panelling

Fenêtre avec garde-corps en verre sablé
*Daniel Buren*
Window with sand-blasted glass railing

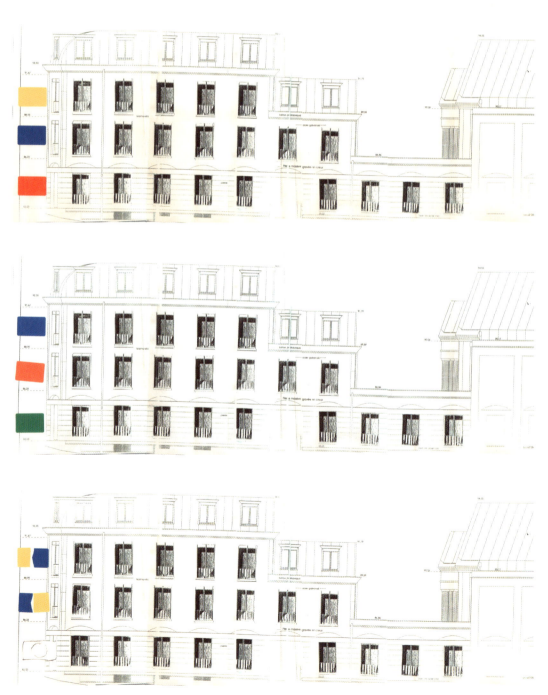

Dessins des façades avec garde-corps en verre sablé  *Daniel Buren*  Drawings of the façades with sand-blasted glass railings

Foyer de l'École de danse, lambris  *Jean-Charles Blais*  Foyer of the Dance School, panelling

CRÈCHE DE 80 BERCEAUX ET LOGEMENTS À MONTMARTRE, PARIS, 1987–1993
*Robert Combas, Aki Kuroda, Léon Wuidar*
DAY NURSERY WITH 80 COTS AND HOUSING UNITS IN MONTMARTRE, PARIS, 1987–1993

Tôle sérigraphiée  *Robert Combas*  **Silkscreen** >

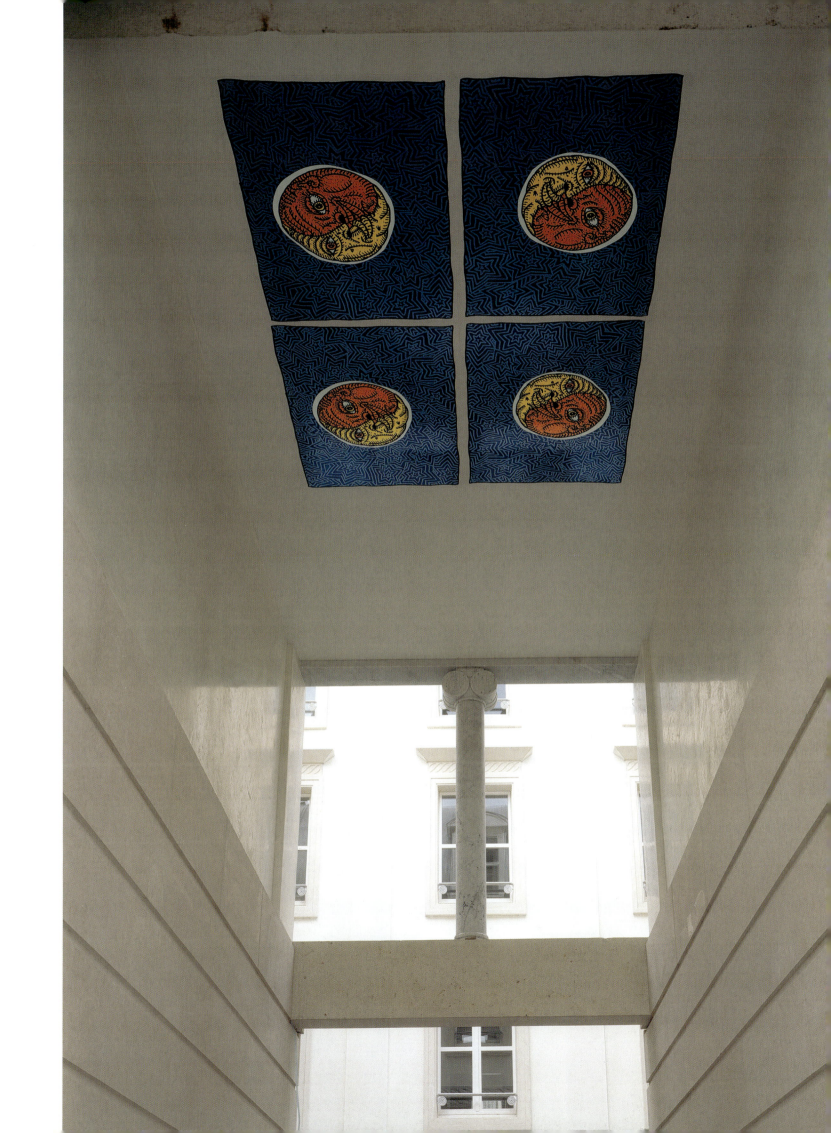

∧ **Lambris** *Robert Combas* **Panelling**   ∨ **Lambris** *Léon Wuidar* **Panelling**   ∨ **Lambris** *Aki Kuroda* **Panelling**

MAISON D'ACCUEIL POUR ENFANTS « LA MAISON HEUREUSE » À ANS, LIÈGE, 1988–1991
*Sol LeWitt, Léon Wuidar*
'LA MAISON HEUREUSE' CHILDREN'S CENTRE IN ANS, LIÈGE, 1988–1991

ᴠ  Lambris *Léon Wuidar* Panelling

Projet pour les tympans du dégagement du couloir  *Sol LeWitt*  Project for the tympana of the open space in the passageway

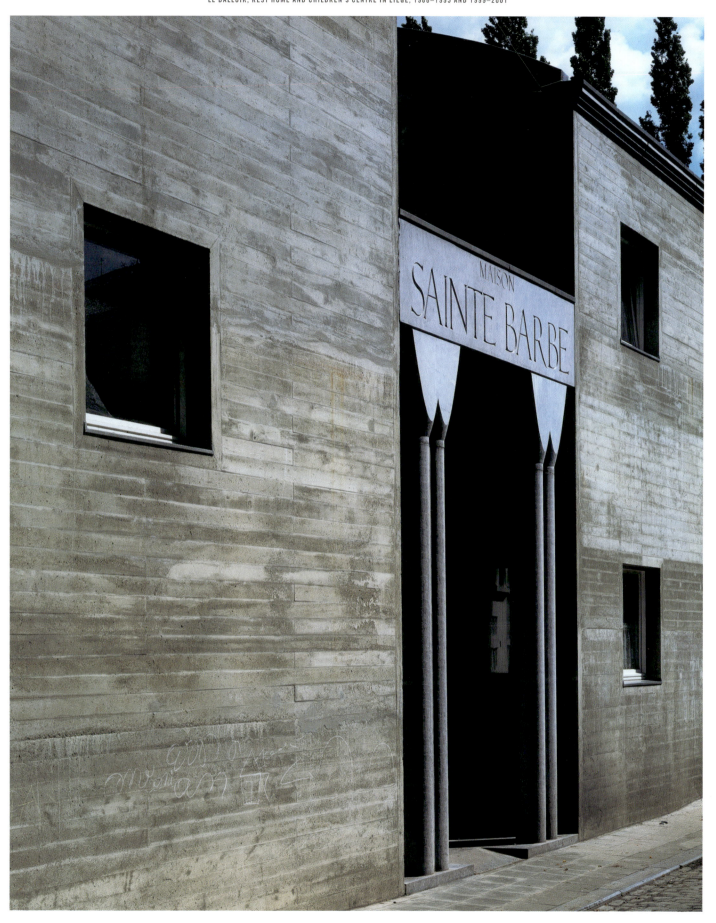

Architectuur wordt een geschenk, en zoals een geschenk, dikwijls, een misverstand. Immers, wanneer er – en dat is bijna altijd het geval – veel verschil is tussen mensen, is het moeilijk een gepast geschenk te geven, het geschenk op waarde te schatten, of er juist mee om te gaan. Het gebeurt zelden dat een geschenk recht gedaan wordt. Maar tegelijk is dit misverstaan, en het besef van het verschil, niet het laatste woord. Want men weet dat het toch fundamenteel juist is van te schenken; en wie woont of werkt in Le Balloir beseft, ook zonder goed te zien of te kunnen zeggen waarom, dat hij of zij iets gekregen heeft, en het overdadige essentieel is.

BART VERSCHAFFEL

**Prises de vue du plafond de la salle à manger** *Jean-Pierre Pincemin* **Views of the dining-room ceiling**

**Oriels vers la Meuse** *Jean-Pierre Pincemin* (moquette/floor) **Oriel windows looking towards the river Meuse**

∧ Couloir avec lambris  *Loïc Le Groumellec*  Corridors with panelling

∨ Aménagement de la chapelle néo-gothique. Dernier étage sous la voûte
*Jean-Pierre Pincemin (moquette/floor), Loïc Le Groumellec (lambris/panelling)*
Refurbishment of the neo-Gothic chapel. Uppermost floor beneath the vault

Escalier avec lambris *Robert Combas* Staircase with panelling

Le baiser du soleil et de la lune *Robert Combas* Sun meets moon

∧ Résidence-service en extension de la maison de repos du Balloir, côté jardin
Service residence, as an extension of Le Balloir rest home, garden side

∨ Côté rue avec la passerelle
Street side with the footbridge

Lambris dans le couloir d'accès aux appartements de la résidence *Patrick Corillon* Panelling in the access corridor to the apartments in the residence

Extraits de la Genèse, la nouvelle traduction de la Bible, Bayard, verre sablé | Excerpt from the Book of Genesis, sand-blasting on glass

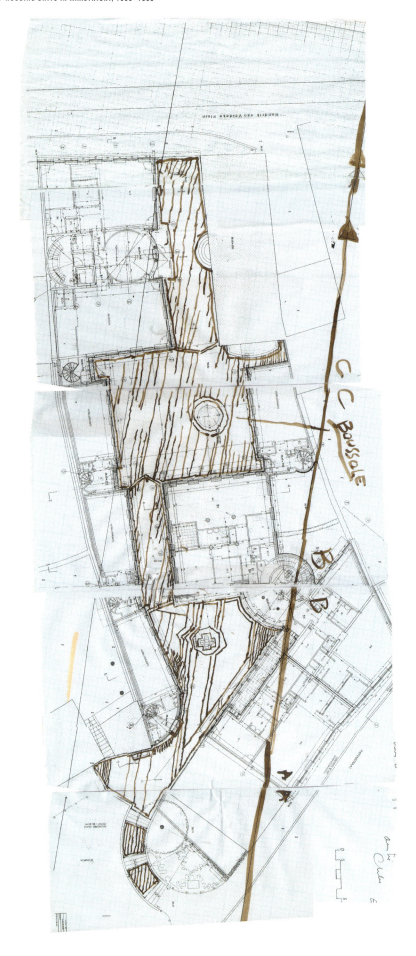

Dessins pour le pavement extérieur
*Jean-Pierre Pincemin*
**Drawings for the outside floor**

Garde-corps sablés *Léon Wuidar* Sand-blasted railings

Stèles en pierre *Charles Vandenhove* Stone steles
Pavement *Jean-Pierre Pincemin* Floor

**Fontaine en pierre** *Charles Vandenhove* **Stone fountain**

Het zijn wel degelijk 'beelden' die een eigen leven
leiden, maar ze laten zich niet voorstaan op één of andere – vaak gesimuleerde – autonomie. De kunstwerken
die 'voor' Vandenhove zijn gemaakt, staan ten dienste
van zijn architectuur en haar gebruikers.
CHRIS DERCON

Fontaine en pierre au centre de la place  *Charles Vandenhove*  Stone fountain in the middle of the square

Projets et réalisation de chasubles pour la chapelle « De Liefde » *Robert Barry* Projects and realization of the chasubles for the 'De Liefde' chapel

DEAR CHARLES VANDENHOVE —
MY FIRST IMPRESSION IS TO USE
VERY SUBTLE COLORS, UTILIZING THE
LIGHT ITSELF AS A METAPHOR TO
CREATE AN AURA OF THE
SUBLIME. I ENCLOSED SOME
RECENT PROJECTS WHICH COULD
SERVE AS A STARTING POINT.
IN THE CATALOGUE I REFER TO
PAGES 23, AND TO PAGE 9 AS A
POSSIBLE STARTING ON THE WALL.
OF COURSE AFTER I SEE THE
SPACE AND TALK WITH YOU I MAY
CHANGE MY APPROACH COMPLETELY.

I LOOK FORWARD TO MEETING YOU
IN AMSTERDAM — ROBERT BARRY

8 OCT '91

**Chapelle** Robert Barry (mots peints/painted words) **Chapel**

## LOGEMENTS SOCIAUX ET PLACE PUBLIQUE À HOOGFRANKRIJK, MAASTRICHT, 1989–1993

*Patrick Corillon, Charles Vandenhove*

## LOCAL AUTHORITY HOUSING UNITS AND PUBLIC SQUARE AT HOOGFRANKRIJK IN MAASTRICHT, 1989–1993

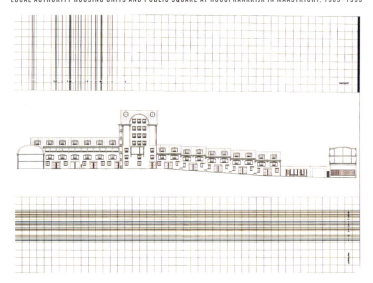

Hoogspringen

La place publique avec fontaine en pierre et bronze *Charles Vandenhove* The public square with stone and bronze fountain

∧ Portes d'entrée du théâtre | Theatre entrance doors    ∨ Billeterie | Ticket office

Moquette de la salle du théâtre *Jean-Pierre Pincemin* **Carpet in the Auditorium**

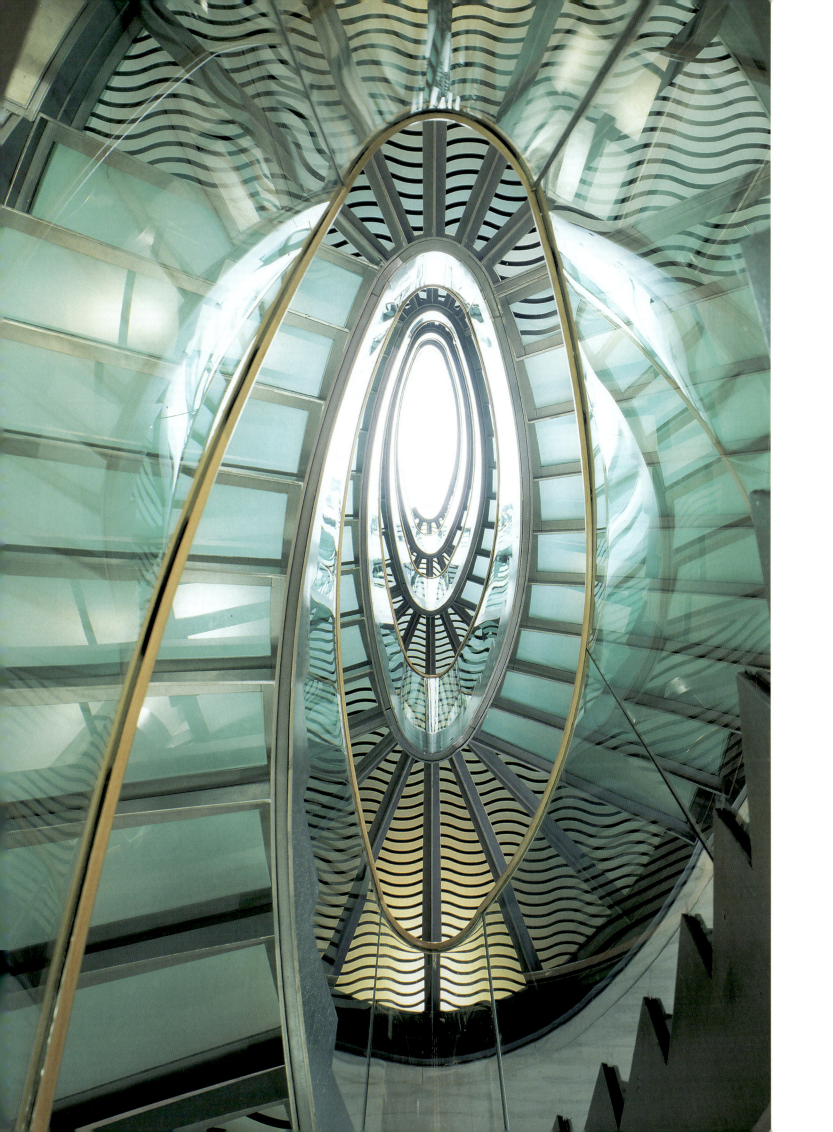

Projets non retenus  *Giulio Paolini*  Proposals not accepted

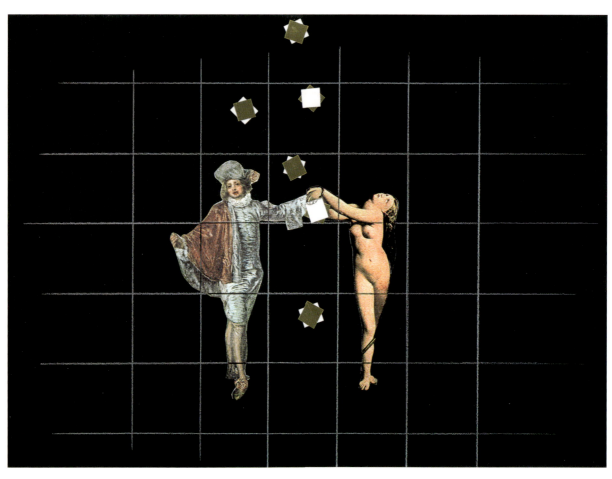

Maquette du Pavillon | Model of the Pavilion

Vue intérieure de la maquette | Inside view of the model

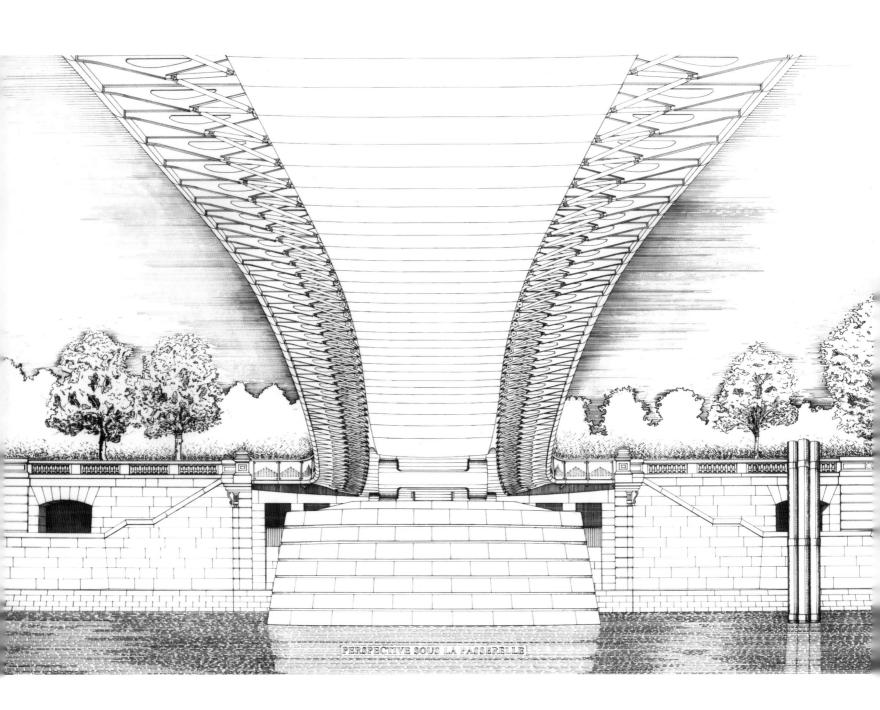

PERSPECTIVE SOUS LA PASSERELLE

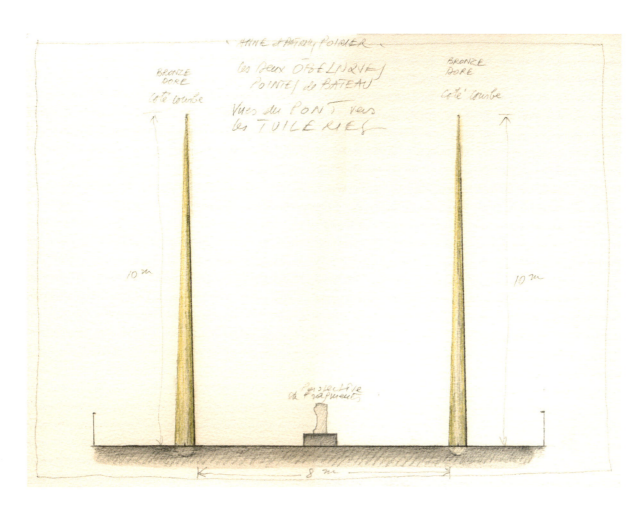

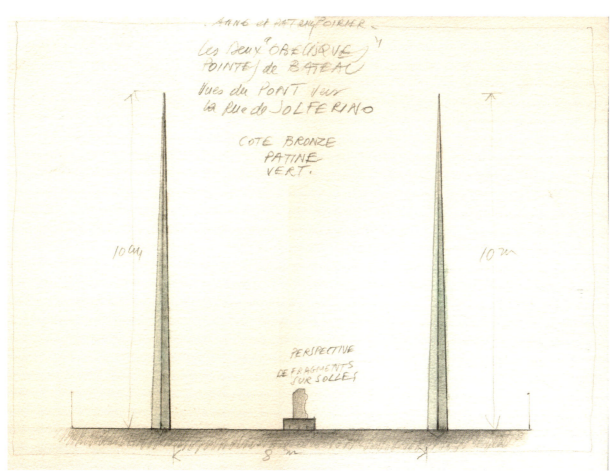

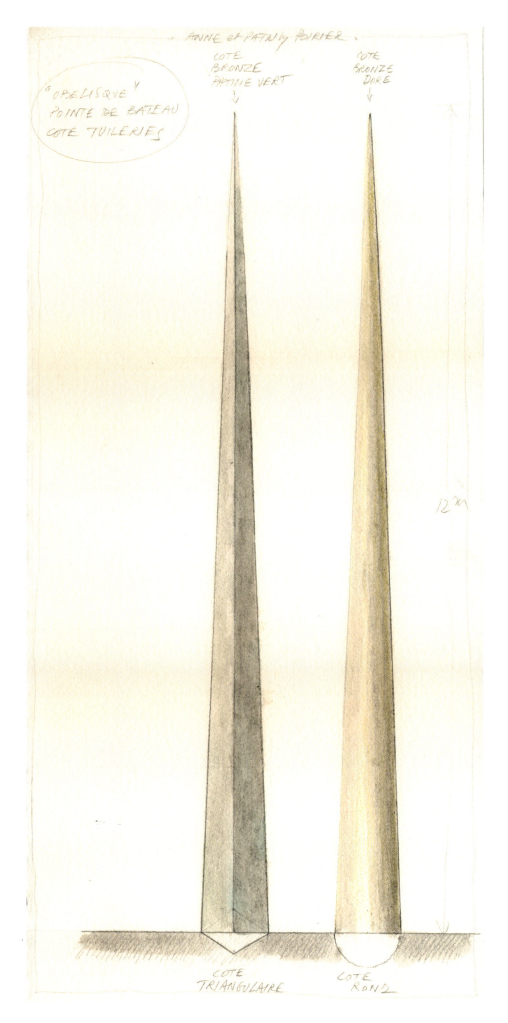

"ANNE et PATRICK POIRIER"

COTE
BRONZE
PATINE VERT
↓

COTE
BRONZE
DORE
↓

"OBELISQUE"
POINTE DE BATEAU
COTE TUILERIES

12 m

COTE
TRIANGULAIRE

COTE
ROND

**Esquisses** *Anne & Patrick Poirier* **Sketches**

"MEMOIRE DU TEMPS"

133

**Lambris** *Ludger Gerdes* **Panelling**

Tapisseries *Jeff Wall* Tapestries

**Tapisseries** *Marlène Dumas* **Tapestries**

*De kunstwerken in de gebouwen van Vandenhove maken deel uit van een 'juiste' rolverdeling: 'de architectuur bewerkt zelf een architectonisch gevoel, laat de kunst haar eigen beeldende middelen'.*
CHRIS DERCON

∧ Tapisseries *Giulio Paolini* Tapestries
∨ Tapisseries et lambris *Ludger Gerdes* Tapestries and panelling

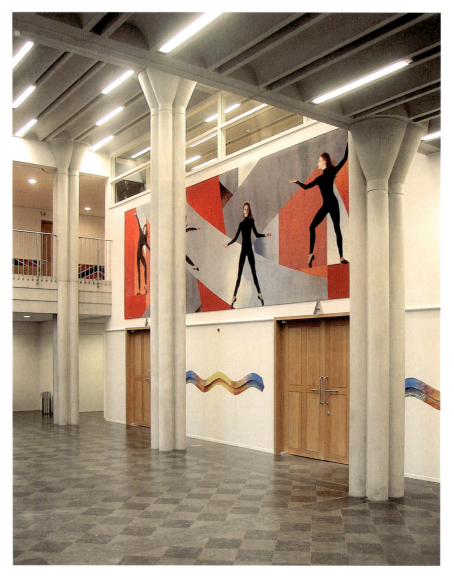

Tapisseries *Luc Tuymans* Tapestries

Tapisseries *Henri Jacobs* Tapestries

Tapisseries *Jan Dibbets* Tapestries

De paradox van elke decoratie, die door detaillering, afwerking en functionele overbodigheid altijd zèlf aandacht vraagt maar tegelijk een drager – een muur, een plafond, een lichaam, een gebouw – wil verfraaien en eren, wordt rustig opgelost. In de detaillering van het binnenwerk en in de decoratie begeleidt de architectuur het wonen, vanuit de evidentie dat de plaats waar men leeft en werkt mooi moet zijn.
BART VERSCHAFFEL

Motifs sablés de feuilles d'acanthe tirées du dictionnaire de Viollet-le-Duc
Sand-blasted acanthus from Viollet-le-Duc's dictionary

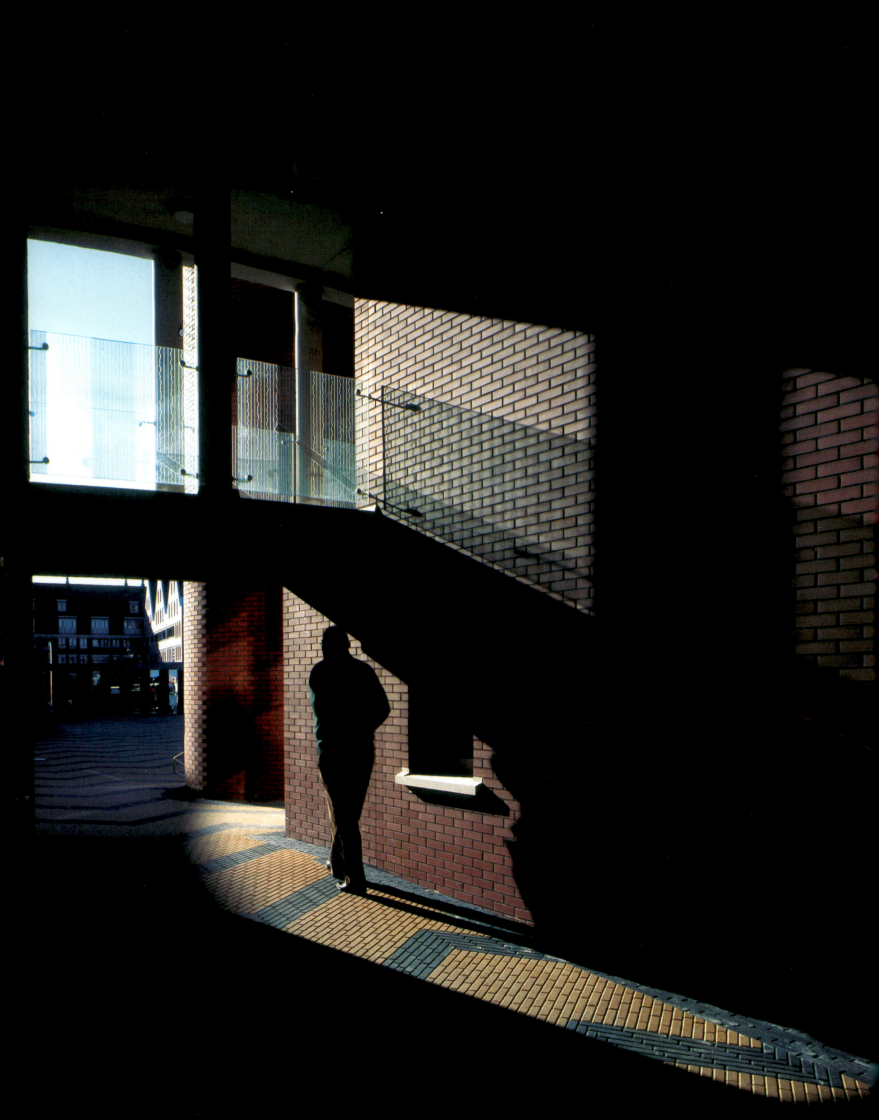

151

Proposition pour les garde-corps *Léon Wuidar* Proposal for the railings

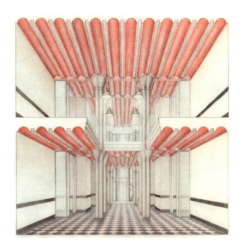

Motifs sablés *Jean-Pierre Pincemin* Sand-blasted motifs

HÔTEL PARTICULIER BONNE FORTUNE À LIÈGE, 1999–2000
Daniel Buren, Patrick Corillon, Sol LeWitt, Jean-Pierre Pincemin, Sophie Ristelhueber
BONNE FORTUNE PRIVATE HOUSE IN LIÈGE, 1999–2000

162

Hall d'entrée *Daniel Buren* Entrance hall

Procida (Napoli), le 14.08.2000

Mon cher Charles,

Après la finition d'un travail au Japon je prépare en ce moment, l'exposition qui se tiendra à partir du 22 de ce mois à Palerme à Lo Spasimo. Connais-tu ?

Cependant j'ai pu travailler sur notre projet et, après pas mal de possibilités différentes, je te soumets la suivante qui, sur bien des points, nous laisse un grand nombre de possibilités.

1°) Tout le hall d'entrée est partagé, dans le sens de la longueur, en deux parties rigoureusement égales **(voir dessin 1)**.

La partie **A'-A** est laissée comme prévu (sauf pour la mise en place des bandes rayées que nous verrons plus loin) et le sol est en pierre (le plus blanc possible) comme indiqué sur ton dessin appelé variante n°2.

La partie **B'-B** est quant à elle entièrement recouverte de miroirs (murs + plafond), le sol est fait avec un revêtement en carreaux noirs (le plus brillant possible) comme indiqué sur ton dessin variante 1.

Nous aurons donc **(dessins 2 et 3)** toute la partie **A'-A** qui viendra se refléter dans la partie **B'-B**.

2°) Les miroirs seront sur la partie gauche de la porte d'entrée qui est décentrée par rapport au mur, sur tout le plafond, sur tout le mur de haut en bas (longueur) et le retour (largeur) **(voir dessin 1)**. La découpe (le calpinage) des miroirs est laissée à ta discrétion afin de trouver une mesure à la fois en harmonie avec les longueurs et largeurs du hall et les autres calpinages c'est-à-dire principalement ceux du sol.

3°) Si on regarde maintenant le mur sur l'autre longueur (en face des miroirs et là où se trouve la porte) **(dessin 4)**, on considère qu'il reçoit la partie "décorée" soit (c'est un exemple et non la forme définitive) toute la longueur du mur plus les deux retours sur les deux 1/2 largeurs, recouverts de haut en bas de bandes alternées blanches et colorées (le blanc étant celui du mur et du plafond et proche de la couleur des pierres au sol). Ces bandes peuvent être au choix a) directement peintes sur les murs;

b) appliquées avec des bandes auto-adhésives de grande résistance -ce que j'emploie très souvent-;

c) incrustées directement dans le mur et prises dans le plâtre. Le matériau pourrait alors être soit du bois peint ou naturel, du marbre, du cuivre ou tout autre matériau composite.

d) au lieu d'être incrustées on peut imaginer ces bandes en relief (très peu épais 5 à 8 m/m maximum) directement collées ou fixées ou vissées sur le mur blanc.

4°) Ce même mur au lieu d'être systématiquement recouvert de bandes pourrait également faire apparaître des figures simples. Dans les **dessins 5 et 6** on peut inscrire sur le mur et sur toute sa grandeur c'est-à-dire les deux 1/2 largeurs plus la longueur, trois losanges qui se déploient à partir de l'un des bords du miroirs jusqu'à l'autre (même si cette jonction est imaginaire puisque la porte vient prendre à cet endroit une bonne partie de la largeur du mur).

Le dessin que j'ai fait **(5)** suit les chiffres donnés sur les plans mais doit être bien entendu refait avec les mesures définitives. Lorsque ces trois losanges sont trouvés et

en partant de celui du milieu, on trace la bande colorée médiane d'une pointe (haute) à l'autre (basse) **(dessin 5bis)**, puis on continue à droite et à gauche, systématiquement en décomposant ces losanges en tranches blanches et colorées verticalement de 8,7cm de large chacune. Peu importe à partir de ce moment où tomberont les bandes en question. Il est possible qu'à la jonction de deux losanges au milieu de la pièce (en hauteur) nous obtenions sur une pointe une bande blanche et sur la suivante une colorée, ou bien un peu de couleur sur les deux formant ainsi une sorte de noeud papillon, ou bien encore seulement du blanc sur les deux pointes auquel cas la pointe médiane des losanges serait à imaginer (non directement visible). Tous ces cas de figure sont égaux et tous O.K. **(voir dessin 6 bis:** réflexions au plafond, murs, plancher carreaux noirs etc..)

5°) On peut imaginer exactement le même dessin mais avec les losanges évidés c'est-à-dire que nous aurions alors des sortes de cadres en forme de losanges qui découperaient la surface. La largeur de ces cadres serait alors de 45 cm.**(dessins 7 et 8)**.

6°) Le dessin peut être également comme celui indiqué sur le **dessin n°9**, c'est-à-dire une sorte d'encadrement général des 3 murs en question. La longueur serait entièrement "encadrée" et les deux largeurs viendraient mourir soit sur la porte soit sur les miroirs. La largeur de ces cadres serait de 26,1cm. Pour la disposition sur le mur il faudrait, comme pour les losanges, partir du milieu de la longueur avec une bande colorée pleine puis s'étendre à droite et à gauche de ce milieu en suivant le rythme habituel blanc-coloré-blanc etc...avec des espacements égaux de 8,7cm chacun.

Arrivé au coin du mur, on repartirait sur les largeurs adjacentes "en miroir" c'est-à-dire en répétant exactement lar largeur de la dernière bande trouvée à droite (ou à gauche puisqu'elle doivent être identiques) et en la reportant sur le mur adjacent, puis la suivante dans le rythme etc...jusqu'au premier obstacle rencontré (soit la porte soit le miroir délimitant le milieu de la largeur).

7°) Pour les couleurs des bandes la question reste totalement ouverte. Je vois bien personnellement un beau rouge (mais c'est totalement subjectif). Bien sûr si nous décidons d'utiliser une matière (marbre, cuivre, etc.) ce sera la couleur de la matière choisie.

Toutes ces propositions s'entendent sur un mur blanc.

On peut cependant envisager un mur d'une autre couleur (au minimum plafond compris et si possible sol compris). Ce mur pourrait être par exemple entièrement noir ou bleu nuit ou vert tendre ou rouge pompéien..... Dans ce cas, les bandes grâce auxquelles la forme choisie apparaît serait, bien entendu, blanches (ce qui ôte la possibilité du cuivre ou du bois naturel par exemple mais laisse la porte ouverte à la peinture, au marbre et autres matériaux composites que l'on trouverait blancs).

Voilà! J'espère que ces quelques explications et petits croquis donnent une idée du projet possible. Je reste à l'écoute des commentaires, suggestions et autres demandes.

Dans l'attente de te lire, je te prie de bien vouloir accepter, mon cher Charles, l'expression de mes amitiés *les meilleures et d'un très affectueux Jeanne de ma part*

Daniel Buren

P.S. Petite inquiétude! Sur le plan, on dirait que le sol de la salle à manger juste à côté du hall d'entrée serait constitué de bandes alternées blanches et colorées ? Est-ce exact? Si oui n'est-ce pas un peu près de mon hall et n'y aurait-il pas là sujet à confusion ?

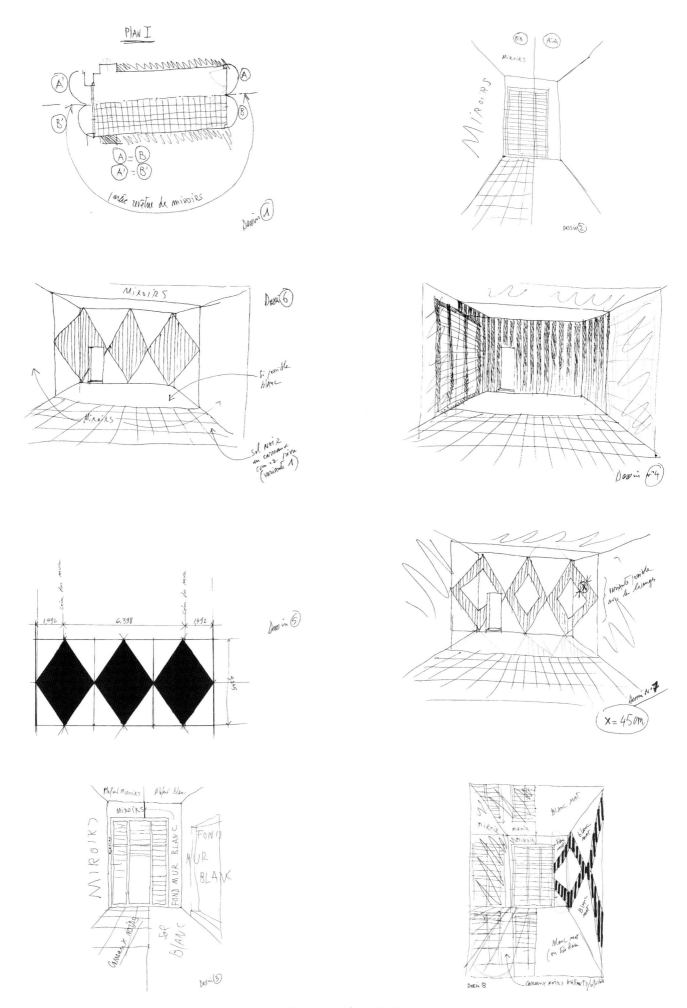

Esquisses *Daniel Buren* Sketches

**Coupole** *Jean-Pierre Pincemin* **Cupola**

Salon du rez-de-chaussée, peinture murale *Sol LeWitt*  Ground floor reception room, wall painting

**Portes sablées** *Patrick Corillon* **Sand-blasted doors**

Salle à manger, boîtes lumineuses *Daniel Buren* Dining room, light boxes
Luminaire « Pierre ou Paul » *Ingo Maurer* Lamp 'Pierre ou Paul'

Photographies *Sophie Ristelhueber* Photographs
Miroirs sérigraphiés *Patrick Corillon* Silkscreened mirrors

Peinture murale *Jean-Pierre Pincemin* Wall painting

Fontaine et bassin *Charles Vandenhove* Fountain and basin

Garde-corps sérigraphiés avec des extraits de la Déclaration universelle des droits de l'homme | Silkscreened railings with extracts from the Declaration of Human Rights

Hall d'accueil, motifs peints et sablés sur verre  *Léon Wuidar*  Entrance hall, painted and sand-blasted motifs

Motifs sablés  *Giovanni Battista Piranesi*  Sand-blasted motifs
Salle des mariages, tapisseries  *Alessandro Botticelli*  Wedding room, tapestries

Salle des mariages, tapisseries *Botticelli* Wedding room, tapestries

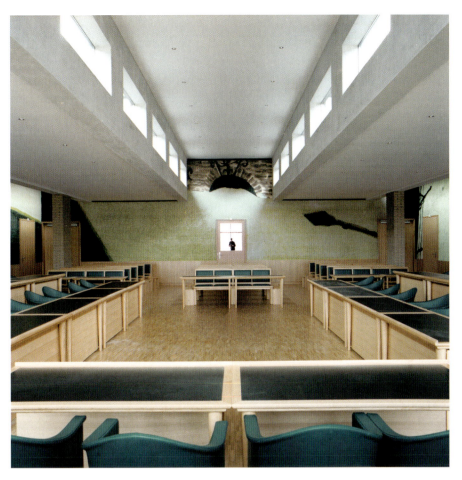

Salle du conseil, tapisseries *Luc Tuymans* Council chamber, tapestries

Quand un homme a fini, c'est alors qu'il commence
Et quand il s'arrête, il est tout déconcerté
BIBLE DE JÉRUSALEM, *SIRACIDE, 18,7*

# CHARLES VANDENHOVE
## EEN BOUWMEESTER-MISSIONARIS
## UIT LIEFDE VOOR DE KUNST

*door Eric Mézil*

> *'De architectuur roept bij de mens een bepaalde*
> *gemoedsstemming op. Het is de taak van architecten die*
> *stemmingen te preciseren.'*
> *'U zult uw appartement zelf moeten inrichten;*
> *alleen dan kan het echt het uwe worden.'*
> *'Puristen verwarren een sobere instelling*
> *met afwezigheid van ornamentiek.'*
> *'Niet-duurzame gebruiksvoorwerpen zoals een lap stof of een*
> *rol behang blijven ten dienste staan van*
> *de mode en worden dus voorzien van ornamenten.'*
> *'De klassieke ornamentiek speelt bij het tekenonderwijs*
> *dezelfde rol als de grammatica.'*
> *'Al hebben alle materialen voor de kunstenaar dezelfde*
> *waarde, toch kunnen ze niet gebruikt worden voor ongeacht*
> *ieder doel.'*
> *'De kunstenaar heeft slechts één ambitie:*
> *het materiaal op zodanige wijze beheersen*
> *dat het werk onafhankelijk is van de waarde*
> *van het ruwe materiaal.'*

Adolf Loos, *Ornament und Verbrechen*, 1908.

## VOOR EEN TECHNISCH DETAIL

In het bijna honderd jaar oude pamfletachtige boek *Ornament und Verbrechen* legde de architect Adolf Loos de basis voor de moderniteit in de architectuur. In polemische, om niet te zeggen provocerende bewoordingen presenteerde hij het ene aforisme na het andere naar het voorbeeld van een esthetische revolutie die zich aan het begin van de twintigste eeuw overal in Europa voltrok. De ultieme radicalisering die Loos voorstond – met het idee tabula rasa te maken met tradities en het verleden, de fanatieke en utopische wil om de nieuwe mens te scheppen met een nieuwe cultuur en dus met een nieuwe manier van leven (en dat alles aanmerkelijk eerder dan de Modular-mens van Le Corbusier), en ten slotte de honger naar een ideaal die onvermijdelijk gepaard gaat met het afwijzen van vormen of de breuk met een verouderd vocabulaire – manifesteerde zich op alle terreinen van de creativiteit. Schilderkunst, muziek, literatuur en vormgeving zouden blijvend de sporen van die revolutie dragen waarvan Adolf Loos aanvankelijk getuige was, vervolgens stuwende kracht en theoreticus.

De architect van de Weense sezession, die in 1896 terugkeert naar Oostenrijk na een vierjarig verblijf in Amerika, werpt zich op als her-vormer van de Europese architectuurcodes. Die tot een ware humanistische missie uitgegroeide rol gaat veel verder dan het simpele kader van zijn oeuvre als bouwmeester. Zijn standpunt vormt een gedachtegoed dat nog steeds actueel en levend is. Zijn tijdgenoten vergisten zich daar niet in toen ze probeerden de mysteries te doorgronden van zijn creaties, van zijn briljante kennis op zowel theoretisch als technisch gebied, wat de man nu juist zo bijzonder maakt. Zo schrijft de componist Arnold Schönberg in 1936 vanuit Hollywood aan zijn vriend Kulka omdat hij niet meer in gesprek kan treden met Loos: 'Ik heb de mogelijkheid hier een huis te laten bouwen en u zult begrijpen hoezeer het mij pijn doet dat Loos niet meer in leven is... U zou ik daarom een paar vragen willen stellen over het gebruik van marmer als wandbekleding. Loos heeft tegen mij gezegd: "Marmer is de goedkoopste bekleding." Hij liet het marmer in laagjes van maar een paar millimeter dik snijden om ze vervolgens tegen de muur te plakken...' Stel je voor: de vader van de twaalftoon- en atonale muziek, de schepper van *Pierrot lunaire*, die zich het hoofd breekt over zulke detailkwesties, over zo'n eenvoudig technisch vraagstuk. Het kan niet anders of deze buitengewoon materialistische zorg staat aan de basis van het concept zelf van de Moderne Tijd, waarvan het onderzoeksterrein zich evenzeer uitstrekte naar de muziek als naar de architectuur.

Waarom voorafgaand aan een tekst over het werk van Charles Vandenhove citeren uit de voorschriften van een architect die niet uit Luik maar uit Wenen kwam, die geen bevlogen bouwmeester was maar eerder theoreticus bij gebrek aan opdrachtgevers? Omdat in het werk van beide architecten dezelfde hartstochten samenvloeien voor de precisie, het detail waaruit de eerste gedachte voortvloeit die aan de basis ligt van het project, dezelfde bijna vanzelfsprekende ideeën die net als vloeistoffen in de scheikunde van gedaante veranderen, zoals bijvoorbeeld altijd de goed gekozen, goed bewerkte allerbeste materialen en de eerlijke, eenvoudige, nooit protserige constructies. Bij hen zijn de overeenkomsten tussen de Baudelaire zo dierbare kunsten niet onderhevig aan romantische overwegingen: alles is helder, de plaats van de architectuur, die van de kunst, die van de decoratie, wat hoofdzaak is en wat bijzaak. Alles wordt erin gezegd: de plaats van de opdrachtgever in het werk, of die van de mensen die er zullen wonen of die de intieme en bijna fenomenologische ervaring van de geconstrueerde ruimte zullen beleven. De rollen zijn noch verdeeld volgens een meedogenloze hiërarchie, noch willekeurig verdeeld zoals in een spel kaarten; hun aanwezigheid lijkt vanzelfsprekend, als gevolg van een rijp overwogen methode die men in een andere context ervaring of professionaliteit kan noemen. Het principe van de strengheid komt overal voor in het werk van de beide architecten. Soms kun je hen zelfs betrappen op een zekere norsheid in hun manier van communiceren, een norsheid die soms zichtbaar is in hun weigering nog meer van hun kostbare tijd te verliezen, of vaak het meesterschap en de zelfverzekerdheid van deze kunstenaars, niet vanwege een geen tegenspraak duldende trots, maar vanwege een onverbiddelijke kennis van hun onderwerp. Vergelijk het met de manier waarop Picasso antwoord gaf aan een gekrenkte Gertrude Stein, die zich na tientallen poseersessies niet meer echt herkende in haar portret: 'Probeer er dan op te lijken.' Wat ze eerbiedig deed, afgaande op latere foto's van haar.

## EEN HUIS WAAR HET GOED THUISKOMEN
## EN VERTREKKEN IS

Zoals we gedaan hebben voor Adolf Loos met citaten als motto bij deze tekst, willen we nu gedeelten uit gesprekken of de schaarse teksten van Charles Vandenhove zelf aan een nauwkeurig onderzoek onderwerpen, ter bevestiging van die bijzonder frontale positie, zonder opsmuk of cosmetisch effectbejag, die beide architecten met elkaar gemeen hebben. '…Ik kan me moeilijk een voorstelling van mijn woning maken voordat ik er ben en nadat ik er ben vertrokken – eigenlijk ga je altijd weg uit een huis, dus moet je ervoor zorgen dat het aangenaam is om er te vertrekken,' antwoordde hij in een gesprek met Irmeline Lebeer voor het boek *Charles Vandenhove, kunst en architectuur* verschenen in 1998 bij de voltooiing van het Théâtre des Abbesses in Parijs. En in hetzelfde gesprek zegt hij: 'Zij [de dansers] die van mening zijn dat hun werk meer verdient dan een lambrisering…, hoeven niet te komen, aangezien ik die bevoorrechte plaats niet heb.' En in een heel compacte tekst, verschenen in 1970 ter gelegenheid van het verschijnen van de catalogus *Bouwen in België, 1945–1970* van Geert Bekaert, geeft de architect een uitstekende definitie van de basisprincipes van zijn werk, waarin de kernbegrippen van zijn werk al zichtbaar zijn: 'Bij het bestuderen van mijn projecten en bij de uitvoering van mijn œuvre is mijn eerste zorg het zoeken naar het beste antwoord op een gegeven programma. Bovendien richt ik mij niet in de eerste plaats op het directe nut – dat is niet altijd realistisch – maar probeer ik juist door te dringen tot de meest positieve, de meest duurzame fundamenten (bijgevolg beslist niet de meest rationele) van de gestelde vragen, om aldus de gebruiker van vandaag, die bekend is, evenals die van morgen, die onbekend is, de grootst mogelijke vrijheid te garanderen. Dit betekent overigens geenszins dat ik de bedoeling heb me te beperken tot het scheppen van neutrale en flexibele ruimtes. Ik geloof in de invloed van de architectuur op het leven, op de gehele mens in zijn eigenzinnige complexiteit. Als ik ertoe ben gekomen systematisch gemoduleerde ruimtes te ontwerpen, dan is dat omdat ik er een voorstander van ben dat deze structuren een herkenningspunt vormen voor de meest diverse menselijke handelingen…' En Charles Vandenhove eindigt met een soort pirouette waarvoor Adolf Loos zich niet zou hoeven te schamen: 'Niet alleen voor de bewoner blijft de architectuur een droom; dat geldt ook voor de architect zelf.'

*'N'ayez pas les idées justes, juste une idée!'* (Weg met de juiste ideeën, het gaat slechts om een idee), zei Jean-Luc Godard om elke poging tot theoretische analyse van zijn eerste films af te kappen. Charles Vandenhove is een man van weinig woorden, hij spreekt niet veel over zijn beroep. Bij wijze van antwoord op dikwijls van tevoren gestelde vragen verwijst hij regelmatig naar zijn verleden, naar zijn werk dat de getuigenis is van een halve eeuw creatieve inspanning. Al is het ons onmogelijk hem te hebben gekend als jonge architect in 1951, toen hij het Instituut Ter Kameren, opgericht door Henri van de Velde, in Brussel verliet om te gaan samenwerken met zijn vriend Lucien Kroll en zijn eerste bouwwerken te realiseren, kan men zich toch voorstellen dat de Charles Vandenhove van vandaag niet veel is veranderd, dat die beginjaren zijn engagement op een onwankelbare manier hebben gemarkeerd in het menselijke avontuur dat het leven behelst. Het aantal boeken, monografieën of studies gewijd aan zijn architecturale oeuvre houdt het retorische, interpretatieve veld op een afstand, als evenzoveel op elkaar gestapelde stenen, om zijn eigenlijke solide en precieze, kortom doelmatige bouwwerk te vormen, zonder gratuite details. Charles Vandenhove kan het goed stellen zonder discours, net zoals Adolf Loos niets moest hebben van ornamentiek.

Een van de manieren om te begrijpen waarom wij de aandacht willen vestigen op het werk van deze twee architecten – het moment van een geïmproviseerde partituur voor een getalenteerd duo – is te vinden in het proces van de tijd. Deze intrinsieke temporaliteit in hun werken bevestigt de juistheid van de intuïtie van deze beide mannen. Nooit laten ze zich verleiden tot een stunt of het demonstratieve gebaar, maar ze zijn juist op zoek naar een chronologische continuïteit van projecten die precies bij elkaar aansluiten, die zich naar elkaar moduleren, een magnetische aantrekkingskracht uitoefenen door fijne lagen te vormen van bladerdeeg die de reflectie versterkt. Bovendien doen ze van zich spreken door weerstand te bieden aan modieuze stromingen, al die grillen van de geschiedenis waarvan sommigen de neiging zullen hebben die te willen veranderen ten gunste van onophoudelijke stilistische omkeringen.

Deze basisgedachte, die een duurzaam karakter geeft aan de gemeenschappelijke noemer van deze twee mannen – zij het wat korter voor Loos – legt de nadruk op een rijpheid, een evolutie in het werk, met nu eens zelfgekozen polemische etappen, dan weer lange momenten van pauzes en stilte, als noodzakelijke stappen terug in tegenstelling tot het revolutionaire en moderne elan van de beginjaren. Zo schrijft Loos in 1924 – na de verzameling artikelen onder de naam *Ins Leere gesprochen* uit 1900 en vervolgens *Ornament und Verbrechen* uit 1908 – in *Ornament und Erziehung*: 'Twintig jaar geleden beweerde ik dat met de evolutie van de mensheid het ornament bij gebruiksvoorwerpen zou verdwijnen, een evolutie die zich continu voltrekt en die net zo vanzelfsprekend is als het verdwijnen van een klinker in de laatste lettergreep van een gesproken taal. Maar ik heb nooit gedacht dat men systematisch alle ornamentiek zou moeten afschaffen – wat de puristen tot het absurde hebben doorgevoerd.' Zo zijn tijdgenoten daarin een verholen herroeping hebben gezien, het zo lang verwachte *pentimento*, dan hebben ze zich vergist, want ze snappen niet dat, om de rake typering van Karl Raimund Lorenz aan te halen, Adolf Loos 'van de Oostenrijkse architecten de eerste moderne en de laatste klassieke architect' was. Bij Loos moet men altijd de avant-garde associëren met de daarachter schuilgaande historische context om ten volle alles wat men uit zijn werk kan leren, te kunnen appreciëren. Zo ook moet men de evolutie van het onafgebroken en methodische werk van Charles Vandenhove volgen om de betekenis te vatten van die prachtige typering: de 'eerste moderne' en de 'laatste klassieke'.

De dualiteit tussen het moderne en het klassieke, die met een in de tijd opgehangen draad de Grieken verbindt met de meesters van de twintigste eeuw, eindigde voor Loos door de revolutie die, evenzeer politiek als kosmisch, als door de tijd was bepaald. Ze vindt haar bron voor Charles Vandenhove in een bijna monachale wijsheid. Tegenover de levendige en drukke tijd die in het voordeel is van Loos, staat een bijna prijzenswaardige stille tijd voor Vandenhove. Een contemplatieve tijd die nochtans niet uitnodigt tot euforie, maar eerder tot innerlijke ervaring, nauw verwant aan schilderkunst die gereduceerd is tot het essentiële. Neem bijvoorbeeld het beeld van een abstract werk uit de jaren vijftig, een lyrisch en somber doek van Antoni Tapiès, een reusachtig vouwwerk van Simon Hantaï, de uitlopende, in de leegte badende kleuren van Sam Francis. Of neem het beeld van een monochroom uit de jaren zestig, een grote zwarte tekening van grafierts van Brice Marden of een klein wit geschilderd vierkant van Robert Ryman ter illustratie van die diepzinnige innerlijkheid en als introductie tot de bijna sacrale relatie tot de kunst van onze tijd. Net als Georges Bataille brengen wij bij het sacrale een relatie aan met de meest profane kunst, ontdaan van elk religieus residu…

## DE LESSEN VAN PYTHAGORAS EN MNEMOSYNE

Modern en klassiek zijn beide architecten, met dezelfde smaak voor de kunst van hun tijd en die van het oudste verleden. Wat Loos heeft geleerd van de Grieken, is bepalend geweest voor zijn concepten over de samenhang tussen het monumentale, de structuur en het detail. Daardoor kon hij bewerkstelligen dat bij hem de constructie, de architecturale structuur, niet geïsoleerd overkomt, want in de klassieke Oudheid, bijvoorbeeld in de Griekse architectuur, onder invloed van het principe van de aankleding van de façade, zijn structuur en decoratie, volgens Semper, 'zo intrinsiek met elkaar verbonden dat je ze onmogelijk van elkaar kunt scheiden'. Diezelfde waarheid vind je terug in heel het werk van Charles Vandenhove. Voor elke uitvoering is er een geheime, harmonieuze wet die ervoor zorgt dat het monumentale met het detail is verbonden, de structuur met de afwerking, dus met de keuze van de materialen, het principe dat het geheel en de onmetelijke of soms juist tot de essentie teruggebrachte ruimte de artistieke creatie bepaalt.

De Grieken hebben een onderscheid gemaakt tussen lagere en hogere kunsten. Ook hebben ze een hiërarchie aangebracht op het gebied van de creativiteit, waarbij ze de architectuur tot het Pantheon van de menselijke scheppingskracht hebben verheven. De bouwkunst immers gaat terug naar zowel de bronnen van de kosmische en mathematische algebra als naar die van de stilistiek en de schilderkunst. Zie het volgende citaat van de schilder Kokoschka, een trouwe vriend van de architect en acteur in die artistieke smeltkroes in Wenen, dat gedurende enkele jaren het centrum van de wereld was: 'Adolf Loos zei over zichzelf dat hij een "metselaar" was. Maar aan die aanduiding moet men de edelste betekenis toekennen, die uit de Oudheid. In die zin bouwde hij, als men hem zijn gang liet gaan. Het werk van Palladio, de laatste architect die van die geest was doordrongen, was voor hem bijbel en wet tegelijk. De antieke bouwstijlen waren voor hem geen modellen. Hij vond er juist de afspiegeling in van de menselijke proporties in hun relatie tot de wereld.'

Charles Vandenhove heeft zich ook uitgesproken over de belangrijkste periodes van de kunstgeschiedenis, waarin alleen de Klassieken kunnen wedijveren met de Modernen die teruggrijpen op hun eerste modellen, of het nu gaat om de Ouden uit het antieke Griekenland, de humanisten uit de Italiaanse Renaissance of de avant-gardisten van het Bauhaus of De Stijl. 'Ik zou willen, een beetje zoals ten tijde van de Renaissance, dat het werk van de kunstenaars in lijn ligt met dat van mij en dat het een niet zonder het ander kan. Dat is heel ambitieus.' En op de vraag naar de a priori verbroken samenwerking tussen de architect en de kunstenaar zegt hij: 'Die relatie is al lange tijd verbroken – ofschoon er interessante vormen van integratie zijn geweest, zoals in de art nouveau. Ik denk aan Klimts Beethoven-fries in het gebouw van de sezession. Dat is niet niks. Maar zoals men weet, was Klimt, die opdrachten kreeg van de universiteit, van diezelfde universiteit gegooid en daarna heeft hij elke samenwerking met de architectuur vaarwel gezegd. Die relatie tussen kunst en architectuur was ten tijde van de sezession ronduit uitbundig, vooral in Oostenrijk. Maar ook dichter bij huis vind je dat verband: denk aan het Palais Stoclet in Brussel van Josef Hoffmann. De breuk vond plaats vóór die grote tijd. De band werd vernietigd toen men begon met het uitvergroten van de kunst, en toen de kunst 'autonoom' werd! De kunst werd gescheiden van het leven, van haar context. De breuk is voltooid toen men waarde begon toe te kennen aan de musea. Nu nog is kunst te zeer opgeborgen in musea, en men is niet bereid de zaak terug te draaien.'
Charles Vandenhove heeft zich terecht niet laten verleiden door de *art pour l'art* (de kunst omwille van de kunst), die esthetische wil ont-

staan aan het einde van de negentiende eeuw om de kunst te bevrijden van het dagelijkse, om haar autonoom te maken, om af te rekenen met het realisme of de romantiek waarin de schilderkunst in toenemende mate illustratief werd, zelfs te vertellend. Is hij niet van mening dat kunstenaars de ontologische, om niet te zeggen materiële beperkingen moeten volgen, vat moeten krijgen op de geografie van verbeelde of beleefde ruimtes, de geschiedenis van de mensen waarvan zij deel uitmaken, zelfs afgeschermd in een atelier of een afgezonderd bureau? Kunst mag niet losgekoppeld zijn van het leven en in het museum mogen niet alleen de grote kunstwerken begraven liggen, uitvergroot door de schitterende locatie, maar tegelijkertijd op cynische wijze gefossiliseerd door hun kunstmatige uitstalling (de manier waarop ze zijn opgehangen, de verlichting…).

De oude Grieken hadden voor architectuur en beeldhouwkunst een aantal geldige esthetische maatstaven opgesteld. Behalve hun specifieke kenmerken ten aanzien van stijl en vorm hadden die regels ook heel nauwkeurige artistieke en ethische functies, verankerd in een filosofisch ideaal. Aan een van de vaders van de esthetica, Johann Joachim Winckelmann, is het te danken dat we geleerd hebben die codes te ontcijferen. Hoewel ze tegenwoordig al weer zijn vergeten, hebben ze hun waarachtigheid weten te behouden tot zelfs in heel eigentijdse kunstwerken, en in kunstenaars die Charles Vandenhove bijna intuïtief associeert met zijn architectuur.
Toen hij de schoonheid van de gebeeldhouwde gezichten van de Griekse Nikè vergeleek met de kunstwerken van het oude Rome, verkondigde Winckelmann zijn theorie in de vorm van een perfecte metafoor: 'Zoals de bodem van de oceaan rustig en onbeweeglijk blijft terwijl een storm het oppervlak verstoort, zo schildert ook de expressie van een mooie Griekse figuur een immer grote en rustige geest te midden van de heftigste schokken en de meest verschrikkelijke hartstochten.' De voorkeur van de Duitse onderzoeker ging niet zozeer uit naar beelden vervuld van *pathos* – die Romeinse beeldhouwers maar wat graag maakten –, als wel naar de Griekse werken met hun zo rustige, bijna gestolde, hiëratische uiterlijk. Winckelmann kon ze alleen benaderen, met zijn blik aanraken, met behulp van gedocumenteerde bronnen en regelmatige bezoeken aan de musea van Dresden en Potsdam. Hem trof inderdaad hetzelfde lot als Pasolini. Geboren in Stendal werd hij vermoord in Triëst. Terwijl hij in Rome of Herculaneum in de gelegenheid was de werken ter plekke te bestuderen, bereikte hij nooit de Griekse aarde omdat hij halverwege zijn reis gewurgd werd door de jonge schooier Arcangeli, vlak voordat hij aan zijn Grand Tour begon. Voor een paar gouden munten en een zwavelige hartstocht, waaruit maar blijkt dat de filosoof zijn geheime en romantische liefdes wist te scheiden van zijn kennis die nooit gedicteerd werd door de emotie. 'De houdingen en de bewegingen waarvan het geweld, het vuur en de onstuimigheid onverenigbaar zijn met die stille grootheid waarover ik spreek, werden door de Grieken gezien als onvolkomenheden, en die onvolkomenheid noemden ze *parenthirsos*, schreef Winckelmann in zijn *Bundel van verschillende werken over kunst.*
Bij het kopiëren van de Grieken hebben de Romeinen, aldus Winckelmann, aan de zo begeerde lichamelijke maatstaven uitdrukkingen toegevoegd die hun unieke en oorspronkelijke schoonheid hebben verlaagd. De in het oog springende elegantie, kalmte en rust maakten plaats voor ongecontroleerde, onbeheerste emoties, die het *pathos* mooi doen lijken en die een menselijk lot nabootsen dat ten grondslag ligt aan alle stuiptrekkingen van de geest. De fraaie metafoor van de oceaan waarvan de bodem immer kalm is ondanks de heftige bewegingen aan het oppervlak, heeft de verdienste dat ze een onderscheid maakt in esthetische categorieën die in elkaar grijpen, in tegenstelling tot de artistieke stromingen van de grote rivier van de

twintigste-eeuwse kunst. In zijn lange staat van dienst laat Charles Vandenhove zijn instinct de weg wijzen van zijn artistieke smaak, die hij gestalte heeft gegeven door opdrachten en die op hun beurt al zijn architecturale avonturen hebben geïnfiltreerd. Zowel modern als klassiek waren het de eerste voorbeelden die deze alchemie onderstreepten en vorm gaven aan de ideeën van de architect. Het zijn flitsende voorbeelden, als vloeistof die door de eenvoudige toepassing van de natuurwetten stolt, met behulp van een geheime en ongeëvenaarde vaardigheid.

Het valt niet mee twee kunstenaars te vinden die formeel meer van elkaar verschillen dan Daniel Buren en Giulio Paolini bij hun bijdrage aan de Koninklijke Salon in de Munt van Brussel. Toch heeft de eerste met de strengheid van een asceet vanaf het begin van de jaren zestig gekozen voor een neutrale vorm, de beroemde kleurenbanen van 8,7 centimeter, als een muzikale compositie, een heraldisch blazoen dat de ruimte in situ aangeeft en er daardoor betekenis aan verleent; de ander, de Italiaan die dronken is van het Grieks-Romeinse erfgoed en die zich de befaamde canons van de Oudheid weer toe-eigent om ze te integreren in de perspectieven waarvan het richtpunt dikwijls verborgen is, mysterieuze komediestukjes, sprakeloos, want jaloers op hun geheim en daar borg voor staand. Ze zouden bij Winckelmann zeker in de smaak zijn gevallen.

Sol LeWitt is een andere kunstenaar, van een andere generatie. Toch zie je bij hem evenzeer bewijzen voor het klassieke en atemporele in zijn variaties van gekleurde veelvlakken bij het Centre Hospitalier van de Universiteit van Luik. De Amerikaanse kunstenaar houdt het bij eenvoudige vormen, de grondvormen van de klassieke architectuur: hier een kubus, daar een piramide, op de begane grond, op een ritmische opeenvolging van houten panelen die een passage vormen met van ramen voorziene deuren en een lichte structuur, als het ware geplaatst in het midden van een monumentale vestibule van beton, waaruit twee enorme zuilen opspringen die het geheel ondersteunen. Zelf zijn ze echter geplaatst op een ondergrond van marmer, waarin de vormen van de metalen structuur schitteren, alsof dit alles zich afspeelt in een dialoog tussen het kolossale en het geraffineerde, het zware, het volle, het lege en het lichte. We worden opnieuw geconfronteerd met de problemen van de architectuur, waarin men begrijpt hoe en waarom Charles Vandenhove deze ruimte en niet een andere aan de vader van de Minimal Art heeft aangeboden. Beide mannen vullen elkaar wat virtuositeit en verstandhouding tot het materiaal betreft aan op het terrein van de geschiedenis van de kunst en die van de architectuur, ieder van hen met een eigen ervaring. Daardoor hoeven ze niets aan te tonen, alleen maar te laten raden. Het is een mooi beeld van de kennis voor een gebouw dat dagelijks bezocht en doorkruist wordt door honderden studenten die tegenover zich een sleutel hebben waarmee ze het universum van kennis en wetenschap kunnen binnendringen. Het is ook een mooi bewijs van de trouw en vriendschap tussen een kunstenaar en een architect in de loop van een relatie die bijna dertig jaar geleden begon.

Nog een paar voorbeelden van kunstenaars die vervuld zijn van de lessen uit de Oudheid, soms zelfs zozeer dat ze geen voldoende afstand meer nemen, ongetwijfeld als gevolg van een te grote fascinatie. Dat geldt voor Anne en Patrick Poirier. Op de Place de Tikal in Hors-Château (Luik) hebben ze gespeeld met schaalverhoudingen en perspectieven tussen de architectuur en de kunst. Ze hebben een constructie opgericht die doet denken aan alle archetypen uit de prehistorie van de architectuur, dat erectiele symbool van macht, ja viriliteit dat je door alle tijden heen en overal op onze planeet aantreft: in Bretagne in de vorm van rijen menhirs of in Wales in de vorm van standing stones, in Opper-Egypte in de vorm van obelisken of op de

plateaus bij de Azteken in de vorm van piramiden die de wetten van de zwaartekracht tarten... In La Maison heureuse te Luik doen de herhalingen van Jean-Pierre Pincemin denken aan bouwdozen die niet zouden misstaan in een rariteitenkabinet, die al te vinden zijn op Romaanse fresco's of op de planken van Dürers Melancholia's. Ze zijn gefixeerd en lijken platgedrukt tegen de vloer maar tegen de wand helemaal achter in de immense lege zaal. Huizen van Loïc Le Groumellec drijven in een picturale ruimte als primitieve, door kinderen gemaakte hutten, zo naïef en onschuldig dat ze voor hun bestaan nog geen fundering nodig hebben...

Als laatste voorbeeld noem ik het Paleis van Justitie in 's-Hertogenbosch, nogal een curiosum in het oeuvre van een in opdracht werkende architect. Niet minder dan vier fotografen—Jeff Wall, Hein Jacobs, Jan Dibbets of Willem Oorebeek—gaan er een dialoog aan met de gewelven waarvan de rondheid bewust onderbroken is door omgekeerde halve cirkels. Ver van de bewijzen en de stijl van een strikt genomen klassieke aard concentreert ieder van hen zich op het detail. En dat in een gebouw dat zich nu juist ontplooit in een orgie van modulariteiten, serialiteiten van herhaalde kleine gewelven, grote zuilen van verschillende omvang maar zichtbaar gelijkstandig, en een opeenvolging van kaarsrechte muurmotieven die nu eens in hun verticaliteit gescheiden worden door vier rechthoeken, dan weer door vier in de hoogte. Jeff Wall en Jan Dibbets hebben iets heel anders gedaan. Zij hebben op schitterende wijze de monumentaliteit van de ruimte samengevat. Die ruimte lijkt afgeleid uit de theorie over de fractals, waarin het geheel is terug te vinden in het bijzondere en omgekeerd. Bij Dibbets kan men zich het detail voorstellen door een vergroting van een deel van het reële, de korrel van een laag verf van een bekleding, een schaduw op een gele muur, de weerkaatsing op metaal... Jeff Wall op zijn beurt snijdt een banale geschiedenis uit het dagelijkse leven, en richt daarbij de blik op onbeduidende details van het leven dat hij in scène zet en kunstmatig herschikt, naar het beeld van de grote frescoschilders uit het quattrocento, die in hun ateliers het leven daarbuiten opnieuw gestalte gaven. Zij wisten dat voor een beter begrip van de goddelijke boodschap men het religieuze feit moest verankeren in een alledaagsheid, op het gevaar af banaal te worden—hier een boer die zijn land bewerkt, daar een troubadour die een stad binnenkomt terwijl Christus aan de mensen wordt voorgesteld opdat die zich met Hem kunnen identificeren en dus de goddelijke boodschap met zich meedragen. Bij Jeff Wall heeft de van oorsprong Afrikaanse passant de plaats ingenomen van de hard werkende boer, de auto de plaats van de ridderlijke minstreel, en de symbolon (reiszak) van Tobias is een ordinaire etenszak geworden, zo een waaruit men gehaast een hamburger eet.

Monumentaliteit en detail, structuur van het geheel weerspiegeld in de logica van een artistiek oeuvre gebeiteld in een uitgekozen plek van het gebouw: zo neemt Charles Vandenhove de grote lessen van de Klassieken voor zijn rekening. En als we slechts één gebouw moesten onthouden om te bevatten tot op welke hoogte die synthese van kunstvormen een ononderbroken zoektocht is naar de vervolmaking, zouden we het Théâtre des Abbesses kunnen kiezen, een glossarium en manifest van heel het werk van Charles Vandenhove die, net als Adolf Loos, de stem van de eerste modernen en van de laatste klassieken volgt. Lees het hier volgende tekstfragment dat Bart Verschaffel heeft gewijd aan dit bouwwerk: 'De klassieke architectuur is theatraal. In het Grieks betekent theatron "dat wat verdient gezien te worden"... Het theatrale karakter verandert en valoriseert zowel de toeschouwers als datgene wat hun wordt voorgezet... Vandenhove permitteert zich drie vrijheden. Ten eerste: het theater staat niet op een verhoging maar is eenvoudig lager dan het plein gesitueerd, waardoor de dominante uitstraling die dit type architec-

tuur doorgaans heeft, wordt afgezwakt en zelfs omgekeerd. Ten twee-de: het fries is versierd met verticale inkervingen die hoe verder naar rechts steeds verder overhellen. Aangezien het plein en de façade een symmetrische compositie vormen die men als vanzelf vanaf de as gadeslaat, zal het fries aldus de rust verstoren; men "leest" nu een-maal van links naar rechts – subtieler nog dan de woorden van Barry die op de façade zijn geschilderd – het enige woord dat in volkomen tegenspraak is tot die richting: *tomber* (vallen). Ten derde: een eenza-me klok als een ossenoog van het fronton. Waarom een klok? Om te weten hoe laat het is? Op een station of op de beurs is het handig om te weten hoe laat het is, maar in een theater? Een klok geeft niet alleen aan hoe laat het is, maar laat ook zien hoe de tijd verstrijkt.'
Achter de gecanneleerde colonnades is de oranje geschilderde faça-de niet bedekt met spreuken die de lof zingen van de dochters van Mnemosyne, de tragedie of de lyrische poëzie. Robert Barry heeft er met zijn letterpolis van onveranderlijke tekens vanaf het begin van de jaren zestig juist uiterst eenvoudige concepten in gegraveerd die men terugvindt in het matte glas van de leuningen van de balkon-stoelen. Olivier Debré heeft met kwast en kleur de oppervlakken van de wanden aan de zijkanten van de speelzaal laten trillen. In de aan-grenzende dansschool heeft Jean-Charles Blais alleen maar het woord 'dansez' geschilderd, opnieuw een uitnodiging aan de bezoe-kers om niet alleen maar toeschouwer te zijn, maar ook acteur van zijn ervaring van die dag, in het hart van de Muzentempel of in de grot van de Sibille, als men denkt aan het bijna archeologische werk van Patrick Corillon. Dus nog voordat de regisseurs, acteurs en toe-schouwers bezit van het theater hadden genomen, was het al tot in de kleinste details bewoond, en die bijzondere aandacht was natuur-lijk ontsproten aan het oorspronkelijke idee van de architect...

Onze wens om Loos en Vandenhove met elkaar te verbinden, heeft halverwege dit essay direct te maken met de hartstochtelijke, bijna obsessieve en ontegenzeglijk samensmeltende implicatie dat de architectuur nooit mag worden losgekoppeld van andere kunstuitin-gen zoals de schilderkunst of de beeldhouwkunst. Die hartstocht, die in wezen gefundeerd is op de vriendschap voor Loos, is de basis geworden van het werk van Charles Vandenhove, waarin de intrinsie-ke noodzakelijkheid geïntegreerd is in precies die principes van de architectuur. De kunst voedt de architectuur en put er inspiratie uit, precies zoals de filosoof Adorno dacht toen hij uitlegde dat elk werk zijn betekenis ontleent aan een 'gesedimenteerde inhoud' van het leven en de geschiedenis. Adorno schreef ook dat 'het kunstwerk zich alleen in het leven weet te handhaven dankzij zijn kracht die uitgaat van zijn sociaal verzet, dus bestand tegen de grappen van de waan van de dag door het cement dat duurzaam zijn oorsprong consoli-deert, zozeer dat het wordt opgetild tot het niveau van een icoon. Maar een icoon is iets zeldzaams, omdat de kunstgeschiedenis wreed is en in haar kielzog maar een paar uitverkorenen toelaat... Cement, gesedimenteerde inhoud, basis, diepte, oorsprong, lagen, al die metaforen vormen een illustratie van een 'Archeologie van het weten', die Michel Foucault zo dierbaar was. Hier zijn ze op te vatten voor wat ze zijn: beelden van een stoffelijkheid die inherent is aan het beroep van de architect die beter dan wie ook weet dat zonder een solide basis niets uitvoerbaar is.

Er zijn twee verschillende wegen om als architect zijn eigen liefde voor de kunst te belijden. De eerste is de manier waarop Loos dat deed, door zich volledig onder te dompelen in zijn tijd die beroerd werd door de elegantie waarin de interdisciplinariteit van de kunsten ongekende hoogten bereikte. De andere weg kiest Charles Vandenhove, die zich ervan bewust is dat Luik meer verbonden is met zijn verleden dan met zijn moderniteit, dus veraf staat van alle

hedendaagse kunst en net als Lorenzo dei'Medici in Florence de kun-stenaars tot zich laat komen. Tenzij men, zoals de architect heeft gedaan naast zijn gewone werkzaamheden, ook jaar in jaar uit kunst-werken verzamelt die in de loop der tijden een collectie vormen die in zoverre voorbeeldig is dat ze geleidelijk de vorm aanneemt van een instituut in het hart van het Luikse centrum. Charles Vandenhove blijft heel trouw aan zijn artistieke engagementen. Al een halve eeuw tekent hij elk architecturaal werk met de intentie het te laten resone-ren met de beeldende kunsten, zoals evenzoveel muziekinstrumen-ten in een concert spelen om gezamenlijk tot een melodische samen-smelting te komen. Die versmelting is tegenwoordig zoveel als de handtekening van de architect geworden, zozeer is Vandenhoves trouw aan dit gebod een bewijs geworden dat van elk gebouw een esthetisch en menselijk avontuur maakt: voor welke kunstenaar wordt gekozen, hoe zal de speelse interactie verlopen tussen schilderkunst en sculptuur aan de ene kant en het vocabulaire van de architect aan de andere...

## COMBINATORISCHE EN MODULAIRE CREATIES IN EEN GESEDIMENTEERDE INHOUD

In het eerder aangehaalde gesprek met Irmeline Lebeer geeft Charles Vandenhove een geheim deel van zijn persoonlijkheid bloot wanneer hij spreekt over zijn opleiding en jeugddromen: 'Ik had twee dromen: ik wilde schilder-beeldhouwer worden en, toen ik heel jong was, toen ik mijn eerste huizen ontwierp samen met Kroll, hielden we alles in eigen hand, ik heb schilderingen in de hal aangebracht, geïnspireerd op het werk van Vantongerloo of Mondriaan. Daarna had ik graag films gemaakt, maar de techniek heeft me altijd afgeschrikt. Ik ben een groot bewonderaar van Jean-Luc Godard. Van zijn onverzettelijkheid. Godard weet het ontbreken van communicatie zodanig tot uitdrukking te brengen dat mij dat enorm ontroert. Ook ik wil beelden maken, met mensen, en ze laten zien, zonder erover te hoeven spreken. Onder andere omstandigheden was ik cineast geworden.' Omdat de door-gaans terughoudende en timide architect nauwelijks commentaar geeft op zijn werk, is deze informatie van bijna intieme aard extra nut-tig en boeiend voor ons onderzoek. Ze laat ons twee mogelijke openin-gen zien voor een analyse van die intrinsieke relatie tot de kunst en meer in het bijzonder van de autonomie of de heteronomie van het kunstwerk. Charles Vandenhove heeft weinig op met het principe van *l'art pour l'art* en hij weet dat sinds grote kunsthistorici als Mircea Eliade of Erwin Panofsky de verborgen betekenis van de kunst hebben ontcijferd, het scheppen van kunst gestimuleerd wordt door twee ver-schillende benaderingen van het beeld. Wat gold voor de grote chris-telijke onderwerpen, geldt tegenwoordig nog steeds in afzonderlijke categorieën, ook al heeft de religieuze aura aan grootsheid ingeboet. Waar voor de exegeten sinds Jacobus de Voragine de iconografie een bijna exacte wetenschap was die een analyse van het afgebeelde mogelijk maakte op basis van de enige officiële bronnen, de heilige teksten, de bijbel, de apocriefen... verrijkte de iconologie die strikte eerste analyse door haar onder te dompelen in een bad dat veel ont-hult over haar ontstaan. Codes verbonden aan een bepaalde broeder-schap, details van een bepaalde stad of vorm van architectuur, kleu-ren waarvan de symbolen nieuwe sleutels verschaffen ten behoeve van de analyse, datering of zelfs de signatuur van een werk waarvan de maker in vergetelheid was geraakt... Van deze twee benaderingen – de iconografie en de iconologie – werden twee stromingen van pictura-le analyse zichtbaar waarvan de een zich richt op de autonomie van het werk, elke vorm van interpretatie afwijzend omdat het werk op zichzelf staat, en de ander op de heteronomie, ingewikkelder en rij-ker, aangezien ze niet kan worden los kan worden gezien van de con-

text van haar ontstaan. In de esthetica wordt dit verschijnsel wel aangeduid als *poïética*, een uit het antieke Griekenland geleend begrip om het *maken* van een kunstwerk aan te duiden, de genesis ervan.

Dit aan Charles Vandenhove gewijde werk gaat over vijftig jaar artistiek creëren, nauw verbonden met aanvankelijk werk in opdracht, en vervolgens architectuuropdrachten voor particulieren en overheden, op sociaal gebied in de vorm van een paleis van justitie, een ziekenhuis, een school, en op cultureel gebied in de vorm van een theater, een museum, en op particulier gebied een bijzonder gerenoveerd *hôtel*, een privé-woning. En ten slotte en vooral in de vorm van groot respect voor de kunstenaars, een band die dikwijls is geweven tot een zeer sterke vriendschapsband, zoals met Sol LeWitt, Hantaï, Giulio Paolini, Jeff Wall of nog eerder met Sam Francis… Sterker nog dan die soms versmeltende relatie is het op de voorgrond plaatsen van die door de opdrachtgevers opgelegde bijkomstigheden niets nieuws, zoals de socioloog Pierre Bourdieu het zo pertinent heeft uitgelegd in zijn boek *L'amour de l'art*. Beter nog, ze kunnen een nieuw kader voor het 'lezen' van het kunstwerk verschaffen, dat a priori heel gewoontjes is maar toch niets afdoet aan de esthetische waarde van het werk. Neem bijvoorbeeld *De geseling van Christus* van Piero della Francesca. De schilder maakt gebruik van de primitieve perspectiefwetten om aan de toeschouwers duidelijk te maken wat het belangrijkste is in zijn werk: Christus omringd door soldaten die Hem vernederen, is naar het tweede plan verwezen. Door een vernuftig spel van de zuilenrijen en de marmeren platen boven en onder bevinden zich drie mysterieuze figuren op de voorgrond. Ze zijn niet gekleed alsof ze uit Galilea komen, noch gekleed als in de klassieke Oudheid. Het zijn duidelijk mensen die leefden in de tijd dat het kunstwerk werd gemaakt. Uit de rijkdom van hun gewaden, de bedrukte azuurblauwe en gouden stof, en gelet op hun gesprek dat sterk lijkt op een transactie, kan men gemakkelijk afleiden dat het hier gaat om de schilder, omringd door twee notabelen, ongetwijfeld de opdrachtgever en een rechtsgeleerde die vaststelt dat het contract correct en volgens de regels is opgesteld… In de Vlaamse schilderkunst wemelt het van soortgelijke plastische constructies. In zijn *Giovanni Arnolfini en zijn vrouw* speelt Van Eyck met hetzelfde droste-effect door de notaris in de toverspiegel in de kamer af te beelden waar de gehuwden besloten hebben in vol ornaat te poseren. De details, hier een sinaasappel, daar een Turks tapijt en weer ergens anders een oriëntaals muiltje, moeten bewijzen dat in die ogenschijnlijk sobere kamer de hele wereld samenkomt met behulp van de discrete luxesymbolen van die tijd…

## DE LAMBRISERING ALS EEN VENSTER OP DE WERELD

In alle gebouwen waarin Charles Vandenhove kunst heeft willen verwerken, definieert één bestaansrecht van elke architectuur meteen de functie van de kunst. Dat bestaansrecht, vastgelegd in het bestek, plaatst het principe van de heteronomie boven dat van de autonomie. Of dat nu komt door de functie van de locatie of de ruimte in de tijd als zodanig, het werk sluit aan bij een kader. Charles Vandenhove gaat wat dat betreft nog veel verder, want hij is het – en hij alleen – die dat kader definieert, zowel in letterlijke als in figuurlijke zin. Een van de elementen die al decennialang bepalend zijn voor zijn architecturaal werk, is zijn beroemde lambrisering die de maat van alles is geworden. Le Corbusier had de Modulor uitgevonden, een antropomorfische maatstok die bepalend was voor alle dimensies in de architectuur; Charles Vandenhove komt met de lambrisering die het referentie-element wordt, de spanne waarin en waardoor kunstenaars zich kunnen ontwikkelen en uitdrukken.

Zoals bekend vormt de architectuur een vernuftige logica waarin dromen en regels, utopieën en werkelijkheden, zowel materieel als sociologisch samenkomen. Het is aan de architect een systeem aan te brengen in die elementen om zichzelf en anderen het geluk aan te bieden, om elke dag kunstwerken voor ogen te hebben, met vermijding slaaf te worden van die bouweisen, ervoor wakend dat die bouweisen niet te overheersend worden, niet beheerst binnen de muren van het gebouwde werk. De architect vertelt zelf iets over die relatie tussen hem en de kunstenaars: 'Zoals Walter Benjamin schreef: wonen is sporen achterlaten. En als we terugkomen op mijn samenwerking met kunstenaars, en de eersten die hun sporen hebben achtergelaten zijn de kunstenaars – geprivilegieerde sporen aangezien ze voortgekomen zijn uit een dialoog tussen architect en schilder –, dan is dat voor mij redelijk bemoedigend. Temeer omdat het op een discrete, alledaagse manier wordt gedaan, desnoods onzichtbaar of in ieder geval niet agressief… Dat is de paradox in mijn werk met kunstenaars: dat die sporen belangrijker zijn dan die van mij – nietwaar?'

Voor de kunstenaars heeft Charles Vandenhove een module van een lambrisering ontworpen van één meter hoog bij twee meter breed, als evenzoveel maagdelijke doeken in een ruimte waar de kunstenaar zijn ziel in kan leggen. Deze parameter staat dicht bij de beperkingen die de grote kunstenaars van de Minimal Art opleggen, zoals Tony Smith, Donald Judd, Carl Andre en vooral Sol LeWitt. Deze radicale beweging, ontstaan aan het begin van de jaren zestig in de nieuwe galerieën van New York, de *White Cubes*, pakt de concepten op die afkomstig waren van de grote schilders uit het begin van de Renaissance. Te denken valt aan bepaalde gravures van Dürer, aan bladzijden in de schriften van Da Vinci of de schetsen van Rafaël. Hun diepgaande verkenningen van de wiskunde en hun beheersing van de geometrie zouden in de schilderkunst ten grondslag liggen aan de latere regels van de perspectief, regels die de schilders van het quattrocento al waren gaan toepassen. De experimenten van de grote vijftiende-eeuwse schilders staan heel dicht bij de vragen die de Minimal Art onderzoekt: modulariteit, serialiteit, het combinatorische. Sol LeWitt is tenslotte de frescoschilders uit de Italiaanse Renaissance hartstochtelijk dankbaar, evenals de ontdekkers van de seriële muziek die, eerder dan de beeldend kunstenaars, de vensters van de verbeelding en een blik op een oneindige wereld al had geopend.

Charles Vandenhove biedt zijn kunstenaars aldus een afgebakend kader aan waarbinnen ze, volgens hem, als ze niet de aandacht op zich kunnen vestigen, alle kanten op kunnen gaan. Begrippen als de deterritorialisatie en de reterritorialisatie van de kunst schieten te binnen, thema's die Gilles Deleuze dierbaar zijn. In *Mille Plateaux* is Deleuze erin geslaagd met behulp van het beeld van het rizoom die combinatorische structuur op te leggen die evengoed bij de architectuur past als bij de beeldende kunst: 'Maar', zo vervolgt Vandenhove als hij over het rizoom praat, 'het is nogal wat om zomaar wat rond te lopen in de openbare vrije ruimte en kamers en alle vertrekken binnen te gaan.'

Aldus wordt de lambrisering – op het oog en traditioneel gezien een decoratief, om niet te zeggen ouderwets ornament – een bron van creatie. Dankzij haar specifieke beperkingen, haar dimensie, haar plaatsing tegen de onderkant van een muur, een façade of een gang, wordt ze ook een bron van vrijheid omdat ze de mogelijkheid heeft zich tot in het oneindige uit te breiden. 'Ze [de kunstenaars] volgen het spoor van de muren', voegt de architect eraan toe. 'En ze onderbreken hun werk alleen maar op plaatsen waar deuren staan! In feite deel ik praktisch met alle kunstenaars die ik uitnodig de visie die zij van hun kunst hebben – ik ga ze tegemoet, als het ware. Ik neem Buren, ik neem Sol LeWitt en ik neem anderen, want het zijn kunstenaars die

niet (meer) geloven in de autonomie van hun kunst. Ze geloven er niet in: hun discours is veel genereuzer en meer op de toekomst gericht. Het is geen discours dat de dialoog, de communicatie, de bewustwording onderstreept, maar juist onderzoekt.'

Met dit werk kan de lezer zich een gegrond oordeel vormen over dit gedachtesysteem dat zeker radicaal is, voor zover het teruggebracht is tot een onderdeel van de architectuur, een lambrisering, die nochtans buitengewoon doelmatig en logisch is. Vandaar onze overtuiging, uit het begin van deze tekst, deze concrete en onfeilbare standpunten in verband te brengen met die van Loos in zijn tijd. De woorden van de architect mogen dan geen tegenspraak lijken te dulden – voor de kunstenaar geldt 'alles of niets' – ze zijn beter te begrijpen als het resultaat van vijftig jaar ervaring waarin geen enkele plaats is voor minachting voor de manier waarop het kunstwerk in de architectuur een plaats krijgt, maar juist heel veel respect. Deze overwegingen zijn meer de vrucht van een rijpingsproces en vooral de wens om de kunstenaars helemaal buiten het proces te houden van technische, administratieve eisen, kortom die eisen die inherent zijn aan de bijna paradoxale dualistische identiteit van de architect. Het gaat om een dubbele missie, aangezien, zoals Charles Vandenhove het zo mooi zegt, het erom gaat mensen te laten dromen, maar ook om verantwoordelijkheid tegenover een opdrachtgever, tegenover een aannemer, controle-instanties, een begroting die niet mag overschreden worden, alle technische en materiële beperkingen die men moet beheersen of overwinnen. Dat alles neemt de architect alleen op zich, samen met zijn trouwe medewerkers, zonder de kunstenaars te betrekken bij het gegoochel dat niemand aangaat behalve de architect die discretie verkiest boven uiterlijk vertoon. Dit is de plaats om nog maar eens Picasso te citeren die tegen een al te spraakzame criticus zei: 'Verboden met de bestuurder te spreken!'

## VAN TIJDSBEELD NAAR BEWEGINGSBEELD

Om tot een conclusie van deze tekst te komen, die trouwens zelf ook een volkomen vrije opdracht was, alleen het aantal pagina's was door de meester voorgeschreven – 'een stuk of vijftien' – willen we nog een keer terugkomen op het principe van de lambrisering zoals de architect dat aan de kunstenaars voorlegt. Behalve dat dit aspect voor sommigen dwingend, voor anderen reducerend is, als ze de rol van de kunst in de architectuur moeten uitdrukken, zijn ze in onze optiek de laatste symbolische sleutel die ons in staat stelt de geheime betekenis van die herhaalde geometrische vormen te vatten die in bijna alle bouwwerken van Charles Vandenhove terugkomen. Ze functioneren volgens het principe van het rizoom, een vorm van plantkundige vermeerdering die veel rijker in betekenis is dan de eenvoudige wortelstelsels van een plant. Het rizoom functioneert als een centrale spil in *Mille Plateaux*, het werk van Deleuze, en wordt er het verdwijnpunt van een nomadische filosofie. Zo waarschuwt Deleuze: 'Plant nooit, maar prik maar raak! Weest veelheden! Wordt rizoom in plaats van wortel. Weg met de juiste ideeën, het gaat slechts om een idee (Jean-Luc Godard)!' Deze deleuziaanse aanmaningen, die de filosofie veranderen in pure poëzie, stellen ons in staat dat nomadische deel van de architectuur te begrijpen dat wordt gemoduleerd aan de hand van constructie-elementen. Die elementen worden samengevoegd, grijpen ineen, zoals zoveel minimal sculpturen van Sol LeWitt, zoals de meeste bouwwerken van Charles Vandenhove. Het is altijd boeiend om de *poïética* van het werk, de ontstaansgeschiedenis van een gebouw van de Luikse architect, proberen te begrijpen omdat de betekenis van de ontwikkeling van de architectuur meestal niet gegeven wordt door het enige identificeerbare principe van een hoofdidee.

Hij haalt zijn neus op voor het unieke beeld van de wortel aan de basis die het idee van een totaliteit zou opwerpen en op logische wijze een afgeronde vorm van gestolde en onveranderlijke volledigheid zou bevestigen. Men is eerder getuige van een aaneenschakeling van ideeën die een solide, theoretische en formele maaswijdte vormen die andere evoluties, uitbreidingen, verplaatsbare modules tot gevolg hebben, kortom evenzoveel rizomen die een andere wending geven aan uitspraken, soms bijna bijkomstig, alsof ze gedicteerd worden door toevalligheden – zowel sociaal als geografisch, het onvoorziene getransformeerd in kansen, programma's die soms te ingewikkeld zijn, zichtbaar gemaakt door combineren en moduleren.

Door te verwijzen naar Jean-Luc Godard, een van de leermeesters van de architect, en te refereren aan het gedachtegoed van Deleuze, konden we al inzicht krijgen in de betekenis van het onverzettelijke waarop de architect zo is gesteld aan de hand van die dialoog met het zichtbare, waarin het scheppingsproces niet noodzakelijkerwijs verloopt via woorden, via de taal. Sterker, de verwijzing zou een bevestiging vormen van niet alleen de ontoegankelijkheid van de kunst, maar haar onmogelijkheid te communiceren door de enige filter van het discours. Godard onderzoekt inderdaad de communicatie tussen mensen, tussen het sociale, politieke of amoureuze feit, en hij aarzelt niet in *Week-end*, *Sauve qui peut (la vie)* of *Alphaville* de leidraad doormidden te knippen die de film is die zich voor de ogen van de toeschouwer afspeelt, door pauzen, vlakken van zwart karton, als evenzoveel adempauzes, noodzakelijke cesuren tegenover de verstikking die het gevolg kan zijn van een overmaat aan informatie en beelden. Alsof hij de blik wil reinigen stelt Godard tegenover de draad van Ariadne die de spoel is van de film, breuken, coupures, zwarte gaten en nog tal van andere tekens die zijn gericht op het onbewuste van de kijker die hij wakker wil schudden, laten reageren, op het gevaar af dat het discours onsamenhangend wordt: 'Wees aanwezig, hier en nu, laat je niet meeslepen door de golf van informatie die voortdurend op jou wordt uitgestort, blijf waakzaam, niet passief maar actief tegenover de wording van de geschiedenis. Wees daartoe de acteur van je leven, dus zelfs van mijn films, maak je eigen geschiedenis aan de hand van mijn beelden...' Zo zou de boodschap van de eerste films van Godard kunnen luiden.

Veel critici en historici noemen Jean-Luc Godard en Daniel Buren graag in één adem. Ze zijn immers tegelijkertijd de vaders van een creatieve *nouvelle vague* geworden waarin zich één, nee twee generaties kunstenaars en intellectuelen gingen herkennen. Lange tijd werd hun extreme standpunt begrepen als een fanatieke wil de kunst om zeep te helpen, de eindelijk gerealiseerde Nietzscheaanse profetieën waardig. Maar als Godard of Buren de dood van de film of die van de schilderkunst verkondigden, wil dat niet zeggen dat ze beiden die definitieve dood wensten. Ze wilden de dood van een bepaalde film, van een bepaalde academische schilderkunst die de loop van de geschiedenis niet meer een bepaalde wending kon geven, in het leven staan, deelnemen aan de politiek, die van de mensen, van het sociale domein. In tegenstelling tot de aangeroepen dood ging het hun juist om de idee van het reinigen van de blik, niet cosmetisch maar als het vegen van een schoorsteen die alle afval van een bourgeois tijdperk zou uitstoten. Dit principe, dat de geest geweld aandoet, dat vegen van de schoorstenen, was al eens aanbevolen door Freud toen hij de eerste stadia van de analyse definieerde waarbij men verplicht was eerst een moeilijke maar heilzame zuivering te ondergaan van sedimenten, verborgen aandrangen of complexen. Ten slotte ontstaat uit die idee van het reinigen van de blik een meedogenloze mentale strengheid. Om slechts één beeld te onthouden: neem dat van Buren die in het New Yorkse Central Park mensen met

borden laat zwaaien tijdens een optocht die meer weg heeft van een anonieme choreografie dan van een protestmars van stakende vakbondsleden: elke manifestant droeg een affiche met daarop Burens befaamde kleurenbanen. Er viel niets te zeggen, er klonk geen enkele eis, geen enkele boodschap–behalve dan het uitdrukken van een idee, slechts het idee. De borden trokken als Godards vaste panelen voorbij, zonder duidelijke betekenis maar diepgeworteld in een zowel sociale als esthetische werkelijkheid. Zo wij deze twee kunstenaars– op wie Vandenhove zozeer is gesteld–en deze twee voorbeelden nu juist gekozen hebben–een onwaarschijnlijke optocht en monochrome platen in een lange filmsequentie–, is dit omdat ze beide deel uitmaken van die onderscheiding van de kunst die van het vastgelegde beeld opschuift naar het bewegende beeld.

Deze definitie, die in de kunst het statische scheidt van het bewegende, vindt zijn oorsprong in de Oudheid. Philostratos beschreef reeds in *Een galerie van beelden* een Romeinse villa waarvan de geïntegreerde panelen in de architectuur op twee ingenieuze manieren een verhaal vertellen: elk verhaalelement was geconcentreerd in één nauwkeurig vastgelegde scène, meteen geschilderd op de muren die daartoe gereserveerd waren, en het was aan de bezoeker om op zijn rondgang de komediestukjes tot leven te brengen, verbanden aan te brengen door zijn wandeling en fantasie en ze oneindig veel keren achter elkaar te plaatsen. De wandelrichting was dus bepalend voor het lezen en dus voor de narratieve voortgang. Die logica vind je terug ten tijde van de grote kathedralen met de beroemde veertien kruiswegstaties die in de kooromgang alle stadia van het doden van de zoon van God in beeld brengen. De gelovigen zetten ook daar door te lopen de richting van de geschiedenis in beweging…

## INNERLIJKE FILMKUNST

Zo Charles Vandenhove toegeeft dat hij ervan gedroomd heeft filmmaker te worden, zag hij dit niet als een gefrustreerde buitenstaander. Hij verbeeldde onbewust die hartstocht, zoals Gilles Deleuze uitdrukking gaf aan dezelfde obsessie voor het bewegende beeld in twee afzonderlijke boeken, *L'image temps* en *L'image mouvement*, alsof men inderdaad twee aan de film inherente begrippen moest scheiden: de band met de tijdsduur, de tijdelijkheid en die welke voor ons hier van belang is, verbonden met beweging. De concepten die in deze twee formidabele werken zijn ontwikkeld, stelden vragen die vanzelfsprekend uitstijgen boven de duisternis van de filmzaal. Voor het beeld in beweging greep Deleuze terug op de filosofie van Bergson, met het idee van een innerlijke cinematografie naar het beeld van de toverlantaarns die de jonge Marcel aan het begin van *A la recherche du temps perdu* zo fascinerend vond, en die fraaie literaire verwijzing nog overtreffend: 'Wij nemen de werkelijkheid die voortgaat in momentopnamen waar, en omdat ze karakteristiek zijn voor die werkelijkheid, is het voor ons voldoende om ze in een abstracte, uniforme en onzichtbare toekomst aaneen te rijgen die zetelt achter in het kennisapparaat', aldus Bergson in zijn *Evolution créatrice*. 'Of het nu gaat over het filosoferen over het wordingsproces of dat uit te drukken of zelfs waar te nemen, wij doen nauwelijks iets anders dan een deel van de innerlijke cinematografie in werking zetten.'

Hoe kun je dat prachtige citaat koppelen aan het specifieke werk van Charles Vandenhove anders dan aan de hand van het bewegende beeld dat de lambriseringen doen voorbijtrekken als evenzoveel bezielde vaste panelen door de enige architectuur ter plaatse? Drie korte citaten afkomstig uit het werk van Deleuze kunnen onze beweringen onderstrepen: 'De eenheid van het plan wordt hier gerealiseerd door de directe band tussen de elementen die gevat zijn in de

meervoudigheid van de opgestapelde plannen die niet langer kunnen worden geïsoleerd; het is het verband tussen de dichtbij- en verafgelegen delen dat de eenheid maakt.' Of: 'Het is de beweging die een geheel uitdrukt in een film of in een beeldend kunstwerk; de verbinding tussen die twee, de manier waarop ze elkaars echo zijn, waarop ze van de een overgaan in de ander… En de beweging dat is het plan, de concrete bemiddelaar tussen een alles dat onderhevig is aan veranderingen, en een geheel dat uit delen bestaat, en dat niet ophoudt de een in de ander te veranderen volgens die twee kanten.' En ten slotte: 'Het plan, dat is het bewegingsbeeld in zoverre het een verbinding legt met een geheel dat verandert, het is de mobiele coupe van een duur.' Deze zorgvuldige en briljante fragmenten passen volgens Charles Vandenhove wonderbaarlijk goed bij de door de architectuur gedicteerde principes. Het plan van Deleuze maakt plaats voor de lambrisering van Vandenhove, de cinematografische coupe door de afstelling die de sequenties evenzeer van elkaar scheidt als op elkaar stapelt, ze ineenvoegt opdat ze elk op zich, autonoom, als vaste plannen, tot leven komen, en heteronoom, door de zwerfdrang van de passanten of bewoners, en cerebrale camera's worden. Vaste plannen in beweging gezet door de verbeeldingskracht en de retinale perceptie die Merleau-Ponty zo dierbaar was.

Het picturale werk van Marlène Dumas bestaat uit directe toepassingen van het principe van het bewegingsbeeld. Elk gezicht komt tot leven door zijn intrinsieke kracht en zijn verbinding in tijd en ruimte met het volgende. Hetzelfde geldt voor de door Jean-Charles Blais in looppas geschilderde benen in de Universiteit van Luik. De serie foto's van Jeff Wall in het Paleis van Justitie te 's-Hertogenbosch maken van de Canadese kunstenaar de grootste cineast van het stille en de schijnbare immobiliteit. De tijd is er even opgeschort, gecondenseerd door de afstelling van de architectuur, klaar om weer tot leven te komen wanneer de toeschouwer weer begint te lopen. Jacques Charlier heeft diezelfde logica begrepen met zijn opeenvolging van kleine figuratieve vormen die de hele ruimte bereiken, zich ontvouwen en over de muren rennen. Bij die figuratieve werken zijn wat abstractere gevoegd die op soortgelijke manier functioneren: in beweging. De herkenbare vormen van iemand als Claude Viallat, van Léon Wuidar, van André Romus of van Jo Delahaut zijn stuk voor stuk geanimeerde pictogrammen die tot leven komen door de opeenvolging van de lambriseringen langs de gangen van de etages. Hetzelfde geldt voor de halve cirkels van Sol LeWitt in de crèche van La Maison Heureuse in Luik, voor de stilstaande choreografieën van Ludger Gerdes of voor de lege tableaus van Giulio Paolini bij het Paleis van Justitie. De lambriseringen worden bewegende plannen, om niet te zeggen travelings (opnamen met bewegende camera), wanneer de architect nog een ander systeem bedenkt om het bewegingsbeeld in gang te brengen. Op deze plaats in het misschien aardig te memoreren een van de mooiste opdrachten te memoreren die een kunstenaar ooit heeft gekregen: de dubbele roltrap die Niele Toroni, een van de beste schilders van zijn tijd, heeft ontworpen voor de Galerie de la Toison d'Or in Brussel. Dat kunstwerk kun je alleen bewonderen door actie te ondernemen, zowel fysiek als mentaal, fenomenologisch zowel als virtueel. De roltrap neemt de toeschouwer mee in een stille choreografie en stelt hem in staat zelf de belangrijkste operator van een denkbeeldig, maar toch ook heel realistische traveling te worden…

## EEN METSELAAR DIE LATIJN HEEFT GELEERD

Charles Vandenhove heeft een missie volbracht waarin elke kunstenaar werken heeft kunnen maken die leven op en voor een bepaalde plaats. En de architect beziet zijn jeugddroom, niet vanuit zijn ivoren

toren maar vanuit zijn tijd waarin een uitgebreid oeuvre tot stand kwam. Zijn jeugddroom waarin hij zijn twee grote passies, schilderkunst en film, aan elkaar wilde verbinden, maakte van hem, door zijn talent als architect, door zijn ambities en door zijn bescheidenheid, zijn professionalisme en zijn onbuigzaamheid, een bouwer-missionaris uit liefde voor de kunst. Wellicht wekt het woord missionaris wat verbazing, maar dat moet men, voor de laatste keer, in verband brengen met Adolf Loos. Toen de Italiaanse architect Aldo Rossi eer bewees aan Loos, greep hij terug op een fraai citaat van de architect dat eens te meer van toepassing is op Charles Vandenhove. 'Hij [Loos] schreef dat "de architect een metselaar is die Latijn heeft gestudeerd". Ik moet denken aan Ernesto N. Rogers, die beweerde dat dit de mooiste definitie van architectuur was, en ik geloof hem graag. Wat Loos voelde voor de architectuur, manifesteert zich altijd en alleen maar in de *maestria* van de constructie, de grote Romaanse architectuur, Fischer von Erlach, de bouwkunst in de achttiende eeuw, maar tegelijkertijd in de meesters die verder zijn gegaan dan alleen maar de constructie en die in de geschiedenis van de beschaving referentiepunten blijven. Zo is in het werk van Baudelaire de connectie met het leven gemarkeerd door vaste referenties, die de lezer nu juist in staat stellen de veranderingen van het leven zelf te begrijpen, zoals de vaste aanwezigheid van vuurtorens de mobiliteit van de scheepvaart mogelijk maakt. De metselaar die Latijn heeft gestudeerd, doet denken aan Palladio die het in zijn tekeningen niet alleen maar laat bij het vertalen van klassieke teksten, aan Leonardo da Vinci en Petrarca die, al op hoge leeftijd, Grieks studeerden om de Oudheid beter te kunnen begrijpen.

Tussen de bouwer-missionaris en de architect, de eenvoudige metselaar die Latijn heeft geleerd, is de cirkel weer rond. De constructie van deze tekst – gemaakt als een korte film bestaande uit tegen elkaar aan geplakte sequenties – biedt hopelijk een platform voor toekomstige exegeten die zich willen buigen over het werk van Charles Vandenhove en de unieke relatie die hij heeft weten te leggen tussen de kunst en de architectuur. Laten we ten slotte het woord geven aan Burkhardt Rukschcio die naar aanleiding van een tekst over het urbanistische werk van Loos in Wenen schreef: 'In de kunst van het hanteren van de ruimte hangt alles veel meer af van wederzijdse verbanden dan van absolute dimensies.' Dit principe van Camillo Sitte is aanwezig in de architectuur van Loos, maar je komt het ook elders tegen. Het is de leidraad van het stadsplan, ontworpen met het fanatisme van een missionaris. Alleen een even fanatieke architect kan zoveel tijd en energie besteden aan het maken van volkomen irreële projecten en zich aldus begeven op het pad van de verandering.
Charles Vandenhove bevindt zich in een onverbiddelijke werkelijkheid die bestaat uit lagen nooit nostalgische herinneringen, uit correspondenties met zijn bevriende kunstenaars, uit zijn constructies die elkaar opvolgen, en ten slotte uit een persoonlijke kunstverzameling. Wanneer deze collectie op orde is gebracht, zal ze op een dag tentoongesteld worden in Luik. Ze geeft 'de absolute dimensie' van zijn werk weer, evenals de 'wederkerigheidsrelatie' waaraan de architect zo gehecht is. Het is een geprivilegieerde band die we het best kunnen omschrijven als 'liefde voor de kunst'.

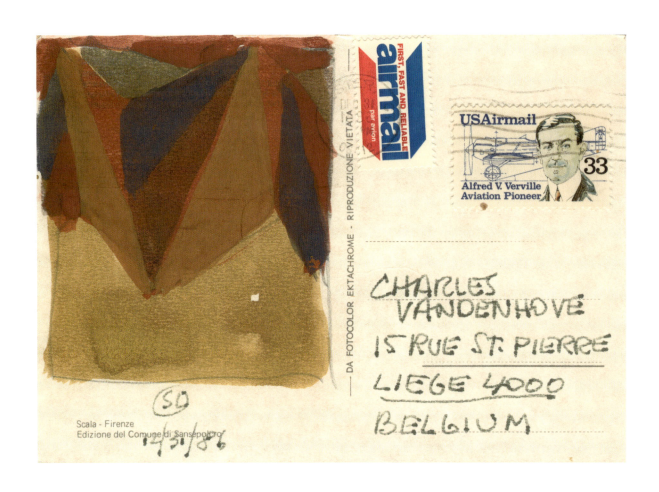

**airmail**
FIRST, FAST AND RELIABLE
par avion

USAirmail
Alfred V. Verville
Aviation Pioneer
**33**

CHARLES
VANDENHOVÉ
15 RUE ST. PIERRE
LIEGE 4000
BELGIUM

Scala - Firenze
Edizione del Comune di Sansepolcro

(SD)
14/51/86

## HOMMAGE, HUUB SMEETS

Met het boek *Art in Architecture*, wordt voor het eerst een volledig inzicht gegeven in de voor de naoorlogse periode unieke dialoog tussen kunst en architectuur die Charles Vandenhove nu al meer dan een halve eeuw onderhoudt. Deze bijzondere verhouding wordt hier in kaart gebracht en steunt op twee krachtige personen die elkaar geweldig gestimuleerd en beïnvloed hebben. Charles Vandenhove en zijn vrouw Jeanne Belvaux waren al heel vroeg echte kunstliefhebbers. Hun band met de kunstenaars is van doorslaggevend belang en bestrijkt een breed scala van kunstuitingen. Niet minder dan dertig kunstenaars hebben aan ongeveer vijftig verschillende projecten deelgenomen, die ook grotendeels gerealiseerd werden. Kunstenaars worden op inzicht en emotie door het echtpaar Vandenhove gekozen. Ook de kunstenaars hebben voeling met Vandenhoves architectuur. De interventies van Sol LeWitt zijn daar een prachtig bewijs van.

Vandenhove en zijn vrouw benaderen kunst op tweeërlei wijzen: er zijn kunstwerken die volledig geïntegreerd zijn in de architectuur van Vandenhove, en er zijn een groot aantal beelden, schilderijen, tekeningen, foto's en schetsen die deel uitmaken van hun persoonlijke collectie en toegankelijk moeten zijn voor het publiek. Het meest betekenisvolle deel echter van de kunstverzameling valt te ontdekken en beleven in elk gebouw van de architect.

Daarbij moet een onderscheid gemaakt worden tussen de verschillende kunstenaarsbijdragen volgens de plaats en de functie die hen toebedeeld wordt in de architectuur van Vandenhove. In de publieke gebouwen en gebouwen met een culturele functie (gerechtsgebouwen, theaters, raadhuizen, ziekenhuizen) is het toepassen van kunst zeker niet ongewoon. Vandenhove weet er echter een dimensie aan toe te voegen. Hedendaagse kunstenaars geven de gebouwen, samen met Vandenhove, een volstrekt eigen identiteit. De kunst vermengt zich met de architectuur en krijgt hierdoor een zeer bijzonder karakter. Het uiteindelijke effect is dat de gebruikers, bezoekers, patiënten een hogere mate van welbevinden (kunnen) hebben en afgeleid worden van hun beslommeringen.

De keuze van de kunstenaars is hoogst persoonlijk. De recente aanstelling van Luc Tuymans voor het stadhuis van Ridderkerk is gebeurd naar aanleiding van de samenwerking voor het Gerechtshof van 's-Hertogenbosch. Minstens zo verrassend was de (helaas vergeefse) vraag naar Miquel Barceló's samenwerking, een bewijs van Vandenhoves nieuwsgierigheid en doorgronde research.

Voor de openbare ruimte volgt Vandenhove dezelfde tactiek. Hij behandelt de hedendaagse kunst op een discrete en integrerende wijze en blinkt uit in het evenwicht tussen ruimte en kunst zonder evenwel de functie uit het oog te verliezen.

De integratie van kunst en architectuur wanneer de laatste nog in een ontwerpstadium zit, is minder voor de hand liggend. Vele hedendaagse openbare ruimtes worden gekenmerkt door aangebrachte kunstwerken of door hun afwezigheid, en dat wijst op het belang van de keuze van de kunstenaars en hun ingreep. Kunst in een openbare ruimte kan wel eens wringen omdat de kunstenaar niet één is met de ruimte en zijn kunstwerk een autonoom karakter krijgt. Charles Vandenhove echter speelt met het verrassingseffect. Een mooi voorbeeld daarvan zijn de keramische kunstwerken van Patrick Corillon bij de ingang van het project van de sociale woningen van Hoogfrankrijk in Maastricht.

De integratie van kunst in wooncomplexen is heel ongewoon. Het vastleggen van een eigen identiteit van de woningen en de zorg om het welbevinden van de bewoners is voor Vandenhove van primordiaal belang. Hij is op dat vlak een pionier te noemen.

Vandaag bestaat er een zeker bewustzijn rond wooncomplexen. Wonen staat gelijk met het kiezen van een locatie en een woonomgeving, sfeer en intimiteit, en ook het zoeken naar een culturele identiteit. Vandenhove heeft dat al heel lang begrepen en op zijn eigen wijze en steeds onnavolgbaar vertaald in die zeer typische, eigen aanpak. Zijn betrachting is zonder kunstgrepen of buitensporigheid de gebruikelijke standaard te verrijken. Zijn voorliefde voor de kunst heeft hij in het begin van zijn architectuurloopbaan geconcretiseerd door zelf de muurschilderingen uit te voeren in huis Spitz in Hasselt dat hij ook zelf ontworpen had. De vergelijking met een architect als Alvaro Siza dringt zich dan op.

De architect Charles Vandenhove had zeker ook kunstenaar of cineast kunnen worden. Strijdbaar, soms een sfinx, soms een tijger, veeleisend voor zijn omgeving, maar ook voor zichzelf. En zo krijgt hij opdrachtgevers én kunstenaars aan zijn zijde. En niet het minst door zijn betrokkenheid. Waarom dan toch zijn unieke aanpak? De diepere achtergrond is dat hij 'sporen' wil nalaten in zijn gebouwen. Sporen die zijn werk boven het alledaagse uittillen. En de eersten die sporen nalaten zijn kunstenaars. In die zin zegt hij zelf: 'Ik zoek de dialoog maar hun sporen zijn nog belangrijker dan de mijne, niet?'

*Huub Smeets,*
*Directievoorzitter Vesteda Groep BV*
(Maastricht, 29 juni 2004)

## HOMMAGE, HUUB SMEETS

The publication of the book *Art in Architecture* in Charles Vandenhove's body of work offers for the very first time an overview of the unique dialogue between art and architecture which the architect pursued for almost half a century. It also offers us a chance to stroll through an approach marked by two powerfully individual personalities who both mutually influenced and supported each other. Charles Vandenhove and his wife Jeanne Belvaux were long-time enlightened art lovers. Their relationship with artists was a decisive factor, encompassing a broad arena of artistic expression. No less than 30 artists played a part in more than 50 architectural projects, most of which came to fruition. In their choice of artists, Charles Vandenhove and his wife were guided by instinct and feeling. This concern was reciprocal. Sol LeWitt illustrates well this interest by way of his interventions in Charles Vandenhove's constructions.

There are two approaches to art in Vandenhove's work: the first resides in the presence of works 'incorporated' in the architect's buildings, and the second groups together a large number of paintings, sculptures, drawings and photographs, and consists in a private heritage that merits public discovery and access. However, the most significant and important part of his work is to be discovered and experienced in each of the architect's buildings.

It is handy to single out several types of artists' participations, based on the place and the precise function of the works in the various buildings designed by Charles Vandenhove. The incorporation of art in public buildings such as theatres, law courts, hospitals and city halls is a common phenomenon. To it, Vandenhove added a unique dimension. Contemporary artists associated the special identity of buildings with him. Art mingled with them, as it were, producing just a singular work. The result obtained afforded users, visitors and patients alike a sense of well-being that distracted them from their worries and preoccupations.

The choice of artists was always very personal. The recent appointment of Luc Tuymans for the Ridderkerk town hall came in the wake of a joint venture involving the 's-Hertogenbosch law courts. No less surprising was his approach with Miquel Barceló, showing a curiosity and an exemplary spirit of research, although sadly the project came to nought.

This treatment also applied to public places. The integration of contemporary art by Vandenhove was always discreet and contextual. The architect excelled when it came to the balance between space and art, with ever a keen eye on function. The incorporation of art-works at an early stage in the project is less customary. Many developments of contemporary public places are actually hallmarked by related works of art or, on the other hand, the absence thereof, and this is something that sheds light on the importance of the choice of both artists and interventions.

When art co-exists with public places, the artist does not usually factor him/herself in, and his/her work is expressed in an autonomous way. Things are quite the opposite with Charles Vandenhove: with him, it is the surprise effect that has pride of place. Thus we find the discreetly incorporated ceramics of Patrick Corillon in the passage leading to the Hoogfrankrijk housing project in Maastricht.

The incorporation of contemporary art in residential complexes was always an unusual approach. The importance of lending dwellings an identity and offering a sense of well-being to occupants was still a priority for Charles Vandenhove, a pioneer in this respect.

In today's housing blocks there is a consciousness. Housing has to do with the choice of a place, an environment, a setting, an atmosphere, and something private, as well as the quest for a cultural identity. Vandenhove grasped this a long time back, and conveyed it in an inimitable specific method, typifying this man and his wish to add a richness to usual standards, without resorting to trickery or excess. He was interested in art ever since the early days of his burgeoning career as an architect, and he even tried his own hand at it in the form of wall paintings in the Spitz house at Hasselt, for which he drew up the plans in 1955. There is an inevitable comparison here with the architect Alvaro Siza.

The architect Charles Vandenhove could well have been an artist or film-maker. He is a determined character, at times sphinx-like, at others tiger-like. He turned out to be even more exacting on himself than on those around him. This was how he managed to woo commissions and artists alike. With a little help from his unflagging commitment, too. Why did he cling so to this unique itinerary? Probably because he was keen to leave 'traces' behind in his buildings. Imprints sublimating the humdrum. And the first people to leave traces are, it just so happens, artists. This in turn enabled him to observe: 'I am looking for dialogue, but are their traces more important than mine?'

Huub Smeets
*Chairman, Vesteda Groep BV.*
(Maastricht, 29 June 2004)

**REMERCIEMENTS | ACKNOWLEDGEMENTS**

Charles Vandenhove & Prudent De Wispelaere remercient | would like to thank
Bruno Albert/ Pierre Arnould/ Francis Baumans/ John Berhaut/ Céline Bietlot/ Frank Braakhuis/ Guy Brien/ Jean-Marie Bruyère/ Thibaut Bruyr/ Jean Caillou/ Ludovic Long-wei Chen/ François Chrestian/ Guy Ciplet/ Valérie Clotuche/ Michel Coenen/ Sophie Cuendet/ Philippe de Bloos/ Marie-Louise Delairesse/ Hervé Demeyer/ Pierre Deramet/ Maur Dessauvage/ Jean-Marie Dethier/ Alain Dirix/ Catherine Dobbelstein/ Angelo Dore/ Mariette Dorthu/ Vincent Duvigneaud/ Nicolas Duvivier/ John Flippo/ Marie-Claire Gaber/ Nadia Ghizzardi/ Valérie Goor/ Bénédicte Grosjean/ Bert Haller/ Alain Hinant/ Simone Honings/ Guy Hutchemaker/ Jean Jotrand/ Jean Kahasha/ Karl Klinkenberg/ Anne-Michèle Lannoy/ Théo Leburton/ Gérald Ledent/ Michel Lemmens/ Michèle Lemmens/ Claude Libois/ Claude Magniez/ Marie-Claire Mangon/ Sandrine Marlair/ Olivier Mathieu/ Christoph Mertens/ Stéphane Meyrant/ Afagh Mohammadi/ Eugène Moureau/ Jean-Sébastien Mouthuy/ François Nizet/ Pascal Noe/ Christian Nolf/ Sébastien Ochez/ Stéphane Picron/ Pascal Rahier/ Christa Reicher/ Stéfan Ritzen/ Emmanuelle Romus/ Alain Sabbe/ Frédéric Sequaris/ Jacques Sequaris/ Nicole Sougniez/ Iris Sosa Perez/ Delphine Ullens de Schooten/ Frank Vandepitte/ Charles Vandevelde/ Philippe Vander Maren/ Renaud Van Kerckhove/ Mélanie Verhaegen/ André Vigneron/ Anna-Paula Villela/ Mireille Weerts/ architectes de l'atelier/ the architects of the atelier.

Ainsi que | Also Jean-Philippe Caufriez/ Didier Morax/ Cees van Harmelen/ Jan Nies/ Adrie Preesman

Ils remercient spécialement Yvon Lambert, Éric Mézil et Geert Bekaert pour leur aide et soutien dans la réalisation de cet ouvrage, leur ami et grand amateur d'architecture, Huub Smeets ainsi que Luciano D'Onofrio.
They also would like to thank Yvon Lambert, Éric Mézil and Geert Bekaert for their help and support in making this book, their friend and lover of architecture Huub Smeets, as well as Luciano D'Onofrio.

Ils remercient les artistes plasticiens | They express their thanks to the following artists Robert Barry/ Jean Baudry/ Rob Birza/ Jean-Charles Blais/ Daniel Buren/ Jacques Charlier/ Robert Combas/ Patrick Corillon/ Olivier Debré/ Jo Delahaut/ Jan Dibbets/ Marlène Dumas/ Luis Feito/ Sam Francis/ Ludger Gerdes/ François Hers/ Henri Jacobs/ Kessel/ Aki Kuroda/ Loïc Le Groumellec/ Sol LeWitt/ Jacques Nist/ Willem Oorebeek/ Giulio Paolini/ Jean-Pierre Pincemin/ Anne et Patrick Poirier/ Sophie Ristelhueber/ André Romus/ Niele Toroni/ Luc Tuymans/ Claude Viallat/ Jeff Wall/ Marthe Wéry/ Léon Wuidar.

**Couverture | Cover:**

Salon royal du Théâtre de la Monnaie à Bruxelles  *Daniel Buren, Giulio Paolini*  Salon royal at the Théâtre de la Monnaie in Brussels

Pavillon d'entrée du Lente Park à Haarlemmermeer, Schipol, Amsterdam  *Patrick Corillon*  Entrance pavillion of the Lente Park in Haarlemmermeer, Schipol, Amsterdam

Pages de garde | Endpapers: Elevazione de' Teatri di Balbo e di Marcello con gli altri edifizi ch'eran loro vicini  *Giovanni Battista Piranesi*

in : Piranesi, *Il campo marzio dell'Antica Roma, l'inventario dei beni del 1778*, Edizioni Colombo Ristampe, 1972.

p. 2–3 : Jeanne Vandenhove et Olivier Debré dans sa propriété de Touraine | Jeanne Vandenhove and Olivier Debré in his house in Touraine

p. 4 : Théâtre de la Ville de Paris, détail de l'intervention  *Robert Barry*  Théâtre de la Ville de Paris, detail of the intervention

p. 5 : Hôtel particulier Bonne Fortune à Liège, détail de l'intervention  *Sol LeWitt*  Bonne Fortune private house in Liège, detail of the intervention

p. 6 : Maison communale de Ridderkerk, salle du conseil, détail des tapisseries  *Luc Tuymans*  City Hall of Ridderkerk, council chamber, detail of the tapestries

p. 7 : Palais de justice à 's-Hertogenbosch, salle d'audience, détail des tapisseries  *Marlène Dumas*  Court House at 's-Hertogenbosch, hearing room, detail of the tapestries

p. 8 : Palais de justice à 's-Hertogenbosch, salle d'audience, détail des tapisseries  *Jeff Wall*  Court House at 's-Hertogenbosch, hearing room, detail of the tapestries

p. 9 : Le Balloir, maison de repos et d'accueil pour enfants à Liège, détail du plafond  *Jean-Pierre Pincemin*  Le Balloir, rest home and children's centre in Liège, detail of the ceiling

p. 10 : Salon royal du Théâtre de la Monnaie à Bruxelles, aménagement du vestibule, plafond  *Sam Francis*  Salon royal at the Théâtre de la Monnaie in Brussels, refurbishment of the entrance hall, ceiling

p. 29 : Hôtel particulier Bonne Fortune à Liège, motifs sablés, boîtes lumineuses  *Patrick Corillon, Daniel Buren*  Bonne Fortune private house in Liège, sand-blasted motifs, light boxes

p. 195 : Maison communale de Ridderkerk, salle de réception, détail d'un projet non abouti  *Miquel Barceló*  City Hall of Ridderkerk, reception hall, details of an unfinished project

p. 201 : Maison communale de Ridderkerk, motif gravé sur le vitrage de la salle de spectacle  *Piranesi, Elevazione dell'Anfiteatro di Statilio Tauro,*

*e degli altri edifizi che gli eran vicini*  City Hall of Ridderkerk, engraved motif on the windows of the banquet hall

p. 202-203 : Maison communale de Ridderkerk, salle des mariages, tapisseries  *Alessandro Botticelli*  City Hall of Ridderkerk, wedding room, tapestries

p. 206 : Maison communale de Ridderkerk, motif gravé sur la façade principale  *Jean-Pierre Pincemin*  City Hall of Ridderkerk, engraved motif on the main façade

p. 204-205 : Maison communale de Ridderkerk, salle de conseil, tapisseries  *Luc Tuymans*  City Hall of Ridderkerk, council chamber, tapestries

### Crédits photographiques | Photo credits

Kim Zwarts: Couverture/cover, pp. 5, 10, 31 (bas/bottom), 52, 53, 61, 68, 70, 72, 73, 89, 90 (haut/top), 91, 92 (bas/bottom), 93 (haut/top), 95, 96, 97, 98–99, 100, 101, 102, 103 (haut/top), 106 (bas/bottom), 107, 111 (haut/top), 112 (haut/top), 113, 116, 117, 118, 119, 120, 121 (bas/bottom), 122–123, 125, 134–135, 136, 137, 138, 139, 140, 141, 142, 143, 144, 145, 146, 147, 148, 149, 150, 151, 152, 153, 158, 160, 161, 168, 176, 177, 178, 179

Birgit: p. 86 (bas/bottom)

Gilbert Fastenaekens: pp. 4, 59, 84 (bas/bottom), 85 (haut/top)

François Hers: pp. 34 (haut/top), 35, 36–37, 38–39, 40–41, 44, 45, 57 (bas/bottom), 58 (bas/bottom), 62-63, 80

Gérald Ledent: p. 182 (haut/top), 183, 184

Attilio Maranzano: p. 81

Olivier Mathieu: p. 188

Pierre Rasidic: pp. 66-67

Sophie Ristelhueber: pp. 46, 47, 48, 49, 50, 51 (haut/top), 79, 90 (bas/bottom), 92 (haut/top)

Holger Trulzsch: p. 58 (haut/top)

Charles Vandenhove: pp. 2–3, 9, 34 (bas/bottom), 54 (haut/top), 57 (haut/top), 60, 74, 75, 76 (bas/bottom), 77, 78 (bas/bottom), 86 (haut/top), 93 (bas/bottom), 103 (bas/bottom), 112 (bas/bottom), 114, 115, 129

Philippe Vander Maren: pp. 29, 64, 82, 83, 85 (bas/bottom), 87, 88 (haut/top), 104 (bas/bottom), 105, 106, (haut/top), 108 (haut/top), 109, 110, 111 (bas/bottom), 121 (haut/top), 124, 154–155, 156, 157, 159, 162, 163, 166, 167, 169, 170, 171, 172, 173, 174, 175, 180, 181, 182 (bas/bottom), 184–185, 186, 187

### Traduction | Translation

Bureau InterPunct, Maastricht (Nederlands)
Simon Pleasance (English)

### Mise en pages et photocomposition | Design and typesetting

Gérald Ledent, Nadia Ghizzardi, Wilfrieda Paessens

### Photogravure et impression | Colour separations and printing

Die Keure, Brugge

www.ludion.be

ISBN 90-5544-546-0
D/2005/6328/02